漢字は日本文化を支える

長い日本文化の発展過程において、
漢字はその根幹となってきました。
現代を生きる私たちの漢字・日本語を学ぶことは、
次世代へ日本文化を受け継ぎ、
発展させていくために欠くことができません。
日本人の歴史とともにあった漢字学習は、
楽しい生涯学習のひとつとして、
多くの人に取り組まれています。

「漢検」級別 主な出題内容

10級 …対象漢字数 80字
漢字の読み／漢字の書取／筆順・画数

9級 …対象漢字数 240字
漢字の読み／漢字の書取／筆順・画数

8級 …対象漢字数 440字
漢字の読み／漢字の書取／部首・部首名／筆順・画数／送り仮名／対義語／同じ漢字の読み

7級 …対象漢字数 642字
漢字の読み／漢字の書取／部首・部首名／筆順・画数／送り仮名／対義語／同音異字／三字熟語

6級 …対象漢字数 835字
漢字の読み／漢字の書取／部首・部首名／筆順・画数／送り仮名／対義語・類義語／同音・同訓異字／三字熟語／熟語の構成

5級 …対象漢字数 1026字
漢字の読み／漢字の書取／部首・部首名／筆順・画数／送り仮名／対義語・類義語／同音・同訓異字／誤字訂正／四字熟語／熟語の構成

4級 …対象漢字数 1339字
漢字の読み／漢字の書取／部首・部首名／送り仮名／対義語・類義語／同音・同訓異字／誤字訂正／四字熟語／熟語の構成

3級 …対象漢字数 1623字
漢字の読み／漢字の書取／部首・部首名／送り仮名／対義語・類義語／同音・同訓異字／誤字訂正／四字熟語／熟語の構成

準2級 …対象漢字数 1951字
漢字の読み／漢字の書取／部首・部首名／送り仮名／対義語・類義語／同音・同訓異字／誤字訂正／四字熟語／熟語の構成

2級 …対象漢字数 2136字
漢字の読み／漢字の書取／部首・部首名／送り仮名／対義語・類義語／同音・同訓異字／誤字訂正／四字熟語／熟語の構成

準1級 …対象漢字数 約3000字
漢字の読み／漢字の書取／故事・諺／対義語・類義語／同音・同訓異字／誤字訂正／四字熟語

1級 …対象漢字数 約6000字
漢字の読み／漢字の書取／故事・諺／対義語・類義語／同音・同訓異字／誤字訂正／四字熟語

※ここに示したのは出題分野の一例です。毎回すべての分野から出題されるとは限りません。また、このほかの分野から出題されることもあります。

日本漢字能力検定採点基準 最終改定：平成25年4月1日

❶ 採点の対象

筆画を正しく、明確に書かれた字を採点の対象とし、くずした字や、乱雑に書かれた字は採点の対象外とする。

❷ 字種・字体

① 2～10級の解答は、内閣告示「常用漢字表」（平成二十二年）による。ただし、旧字体での解答は正答とは認めない。

② 1級および準1級の解答は、『漢検要覧 1／準1級対応』（公益財団法人日本漢字能力検定協会発行）に示す「標準字体」「許容字体」「旧字体一覧表」による。

❸ 読み

① 2～10級の解答は、内閣告示「常用漢字表」（平成二十二年）による。

② 1級および準1級の解答には、①の規定は適用しない。

❹ 仮名遣い

仮名遣いは、内閣告示「現代仮名遣い」による。

❺ 送り仮名

送り仮名は、内閣告示「送り仮名の付け方」による。

❻ 部首

部首は、『漢検要覧 2～10級対応』（公益財団法人日本漢字能力検定協会発行）収録の「部首一覧表と部首別の常用漢字」による。

❼ 筆順

筆順の原則は、文部省編『筆順指導の手びき』（昭和三十三年）による。常用漢字一字一字の筆順は、『漢検要覧 2～10級対応』収録の「常用漢字の筆順一覧」による。

❽ 合格基準

級	満点	合格
1級／準1級／2級	二〇〇点	八〇％程度
準2級／3級／4級／5級／6級／7級	二〇〇点	七〇％程度
8級／9級／10級	一五〇点	八〇％程度

※部首、筆順は『漢検 漢字学習ステップ』など公益財団法人日本漢字能力検定協会発行図書でも参照できます。

日本漢字能力検定審査基準

10級

程度　小学校第1学年の学習漢字を理解し、文や文章の中で使える。

領域・内容

《読むことと書くこと》　小学校学年別漢字配当表の第1学年の学習漢字を読み、書くことができる。

《筆順》　点画の長短、接し方や交わり方、筆順および総画数を理解している。

9級

程度　小学校第2学年までの学習漢字を理解し、文や文章の中で使える。

領域・内容

《読むことと書くこと》　小学校学年別漢字配当表の第2学年までの学習漢字を読み、書くことができる。

《筆順》　点画の長短、接し方や交わり方、筆順および総画数を理解している。

8級

程度　小学校第3学年までの学習漢字を理解し、文や文章の中で使える。

領域・内容

《読むことと書くこと》　小学校学年別漢字配当表の第3学年までの学習漢字を読み、書くことができる。

・音読みと訓読みとを理解していること

・送り仮名に注意して正しく書けること（食べる、楽しい、後ろ　など）

・対義語の大体を理解していること（勝つ―負ける、重い―軽い　など）

・同音異字を理解していること（反対、体育、期待、太陽　など）

《筆順》　筆順、総画数を正しく理解している。

《部首》　主な部首を理解している。

7級

程度　小学校第4学年までの学習漢字を理解し、文章の中で正しく使える。

領域・内容

《読むことと書くこと》　小学校学年別漢字配当表の第4学年までの学習漢字を読み、書くことができる。

・音読みと訓読みとを正しく理解していること

・送り仮名に注意して正しく書けること（等しい、短い、流れる　など）

・熟語の構成を知っていること

・対義語の大体を理解していること（入学―卒業、成功―失敗　など）

・同音異字を理解していること（健康、高校、公共、外交　など）

《筆順》　筆順、総画数を正しく理解している。

《部首》　部首を理解している。

6級

程度　小学校第5学年までの学習漢字を理解し、文章の中で漢字が果たしている役割を知り、正しく使える。

領域・内容

《読むことと書くこと》　小学校学年別漢字配当表の第5学年までの学習漢字を読み、書くことができる。

・音読みと訓読みとを正しく理解していること

・送り仮名や仮名遣いに注意して正しく書けること（求める、失うなど）

・熟語の構成を知っていること（上下、絵画、大木、読書、不明　など）

・対義語、類義語の大体を理解していること（禁止―許可、平等―均等など）

・同音・同訓異字を正しく理解していること

《筆順》　筆順、総画数を正しく理解している。

《部首》　部首を理解している。

5級

程度　小学校第6学年までの学習漢字を理解し、文章の中で漢字が果たしている役割に対する知識を身に付け、漢字を文章の中で適切に使える。

領域・内容

《読むことと書くこと》　小学校学年別漢字配当表の第6学年までの学習漢字を読み、書くことができる。

・音読みと訓読みとを正しく理解していること

・送り仮名や仮名遣いに注意して正しく書けること

・熟語の構成を知っていること

・対義語、類義語を正しく理解していること

・同音・同訓異字を正しく理解していること

《四字熟語》　四字熟語を正しく理解している（有名無実、郷土芸能　など）。

《筆順》　筆順、総画数を正しく理解している。

《部首》　部首を理解し、識別できる。

4級

程度　常用漢字のうち約1300字を理解し、文章の中で適切に使える。

領域・内容

《読むことと書くこと》　小学校学年別漢字配当表のすべての漢字と、その他の常用漢字約300字の読み書きを習得し、文章の中で適切に使える。

・音読みと訓読みとを正しく理解していること

・送り仮名や仮名遣いに注意して正しく書けること

・熟語の構成を正しく理解していること

・熟字訓、当て字を理解していること（小豆／あずき、土産／みやげなど）

・対義語、類義語、同音・同訓異字を正しく理解していること

《四字熟語》　四字熟語を理解している。

《部首》　部首を識別し、漢字の構成と意味を理解している。

3級

程度　常用漢字のうち約1600字を理解し、文章の中で適切に使える。

領域・内容

《読むことと書くこと》　小学校学年別漢字配当表のすべての漢字と、その他の常用漢字約600字の読み書きを習得し、文章の中で適切に使える。

・音読みと訓読みとを正しく理解していること

・送り仮名や仮名遣いに注意して正しく書けること

・熟語の構成を正しく理解していること

・熟字訓、当て字を理解していること（乙女／おとめ、風邪／かぜ　など）

・対義語、類義語、同音・同訓異字を正しく理解していること

《四字熟語》　四字熟語を理解している。

《部首》　部首を識別し、漢字の構成と意味を理解している。

※常用漢字とは、平成22年（2010年）11月30日付内閣告示による「常用漢字表」に示された2136字をいう。

準2級

程度 常用漢字のうち1951字を理解し、文章の中で適切に使える。

領域・内容

《読むことと書くこと》 1951字の漢字の読み書きを習得し、文章の中で適切に使える。

- 音読みと訓読みとを正しく理解していること
- 送り仮名や仮名遣いに注意して正しく書けること
- 熟語の構成を正しく理解していること
- 熟字訓、当て字を理解していること（硫黄／いおう、相撲／すもう　など）
- 対義語、類義語、同音・同訓異字を正しく理解していること

《四字熟語》 典拠のある四字熟語を理解している（驚天動地、孤立無援　など）。

《部首》 部首を識別し、漢字の構成と意味を理解している。

※ 1951字とは、昭和56年（1981年）10月1日付内閣告示による旧「常用漢字表」の1945字から「勺」「錘」「銑」「脹」「匁」の5字を除いたものに、現行の「常用漢字表」のうち、「茨」「媛」「岡」「熊」「埼」「鹿」「栃」「奈」「梨」「阪」「阜」の11字を加えたものを指す。

2級

程度 すべての常用漢字を理解し、文章の中で適切に使える。

領域・内容

《読むことと書くこと》 すべての常用漢字の読み書きに習熟し、文章の中で適切に使える。

- 音読みと訓読みとを正しく理解していること
- 送り仮名や仮名遣いに注意して正しく書けること
- 熟語の構成を正しく理解していること
- 熟字訓、当て字を理解していること（海女／あま、玄人／くろうと　など）
- 対義語、類義語、同音・同訓異字などを正しく理解していること

《四字熟語》 典拠のある四字熟語を理解している（鶏口牛後、呉越同舟　など）。

《部首》 部首を識別し、漢字の構成と意味を理解している。

準1級

程度 常用漢字を含めて、約3000字の漢字の音・訓を理解し、文章の中で適切に使える。

領域・内容

《読むことと書くこと》 常用漢字の音・訓を含めて、約3000字の漢字の読み書きに慣れ、文章の中で適切に使える。

- 熟字訓、当て字を理解していること
- 対義語、類義語、同音・同訓異字などを理解していること
- 国字を理解していること（峠、凧、畠　など）
- 複数の漢字表記について理解していること（國―国、交叉―交差　など）

《四字熟語・故事・諺》 典拠のある四字熟語、故事成語・諺を正しく理解している。

《古典的文章》 古典的文章の中での漢字・漢語を理解している。

※ 約3000字の漢字は、JIS第一水準を目安とする。

1級

程度 常用漢字を含めて、約6000字の漢字の音・訓を理解し、文章の中で適切に使える。

領域・内容

《読むことと書くこと》 常用漢字の音・訓を含めて、約6000字の漢字の読み書きに慣れ、文章の中で適切に使える。

- 熟字訓、当て字を理解していること
- 対義語、類義語、同音・同訓異字などを理解していること
- 国字を理解していること（怺える、毟る　など）
- 地名・国名などの漢字表記（当て字の一種）を知っていること
- 複数の漢字表記について理解していること（鹽―塩、颱風―台風　など）

《四字熟語・故事・諺》 典拠のある四字熟語、故事成語・諺を正しく理解している。

《古典的文章》 古典的文章の中での漢字・漢語を理解している。

※ 約6000字の漢字は、JIS第一・第二水準を目安とする。

※常用漢字とは、平成22年（2010年）11月30日付内閣告示による「常用漢字表」に示された2136字をいう。

個人受検の申し込みについて 申し込みから合否の通知まで

1 受検級を決める

受検資格 制限はありません

実施級 1、準1、2、準2、3、4、5、6、7、8、9、10級

検定会場 全国主要都市約170か所に設置
（実施地区は検定の回ごとに決定）

2 検定に申し込む

インターネットにてお申し込みください。
ホームページ https://www.kanken.or.jp/ からお申し込みができます（クレジットカード決済、コンビニ決済が可能です）。

下記の二次元コードから日本漢字能力検定協会ホームページへ簡単にアクセスできます。

※申込方法など、変更になることがございます。最新の情報はホームページをご確認ください。

注意

①家族・友人と同じ会場での受検を希望する方は、検定料のお支払い完了後、申込締切日の2営業日後までに協会（お問い合わせフォーム）までお知らせください。

②障がいがあるなど、身体的・精神的な理由により、受検上の配慮を希望される方は、申込締切日までに協会（お問い合わせフォーム）までご相談ください（申込締切日以降のお申し出には対応できかねます）。

③検定料を支払われた後は、受検級・受検地を含む内容変更および取り消し・返金は、いかなる場合もできません。また、次回以降の振り替え、団体受検や漢検CBTへの変更もできません。

3 受検票が届く

受検票は検定日の約1週間前にお届けします。4日前になっても届かない場合、協会までお問い合わせください。

お問い合わせ窓口

電話番号 フリーコール **0120-509-315**（無料）
（海外からはご利用いただけません。ホームページよりメールでお問い合わせください。）

お問い合わせ時間 月～金 9時00分～17時00分
（祝日・お盆・年末年始を除く）
※検定日とその前日の土、日は開設
※検定日は9時00分～18時00分

メールフォーム https://www.kanken.or.jp/kanken/contact/

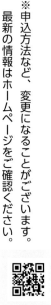

4 検定日当日

検定時間

2級　：10時00分〜11時00分（60分間）
準2級　：11時50分〜12時50分（60分間）
8・9・10級　：11時50分〜12時30分（40分間）
1・3・5・7級：13時40分〜14時40分（60分間）
準1・4・6級：15時30分〜16時30分（60分間）

持ち物　受検票、鉛筆（HB、B、2Bの鉛筆またはシャープペンシル）、消しゴム
※ボールペン、万年筆などの使用は認められません。ルーペ持ち込み可。

注意

①会場への車での来場（送迎を含む）は、周辺の迷惑になりますのでご遠慮ください。
②検定開始時刻の15分前を目安に受検教室までお越しください。答案用紙の記入方法などを説明します。
③携帯電話やゲーム、電子辞書などは、電源を切り、かばんにしまってから入場してください。
④検定中は受検票を机の上に置いてください。
⑤答案用紙には、あらかじめ名前や生年月日などが印字されています。
⑥検定日の約5日後に漢検ホームページにて標準解答を公開します。

5 合否の通知

検定日の約40日後に、受検者全員に「検定結果通知」を郵送します。合格者には「合格証書」・「合格証明書」を同封します。欠席者には検定問題と標準解答をお送りします。
受検票は検定結果が届くまで大切に保管してください。

注目

進学・就職に有利！
合格者全員に合格証明書発行

大学・短大の推薦入試の提出書類に、また就職の際の履歴書に添付してあなたの漢字能力をアピールしてください。合格者全員に、合格証書と共に合格証明書を2枚、無償でお届けいたします。

合格証明書が追加で必要な場合は有償で再発行できます。

次の❶〜❹を同封して、協会までお送りください。約1週間後、お手元にお届けします。

❶合格証明書再発行申請書（漢検ホームページよりダウンロード可能）もしくは氏名・住所・電話番号・生年月日、および受検年月日・受検級を明記したもの
❷本人確認資料（学生証、運転免許証、健康保険証など）のコピー
❸住所・氏名を表に明記し切手を貼《は》った返信用封筒
❹証明書1枚につき発行手数料として500円の定額小為替

団体受検の申し込み

学校や企業などで志願者が一定以上まとまると、団体申込ができ、自分の学校や企業内で受検できる制度もあります。団体申込を扱っているかどうかは先生や人事関係の担当者に確認してください。

「漢検」受検の際の注意点

【字の書き方】

問題の答えは楷書で大きくはっきり書きなさい。乱雑な字や続け字、また、行書体や草書体のようにくずした字は採点の対象とはしません。

特に漢字の書き取り問題では、答えの文字は教科書体をもとにして、はねるところ、とめるところなどもはっきり書きましょう。また、画数に注意して、一画一画を正しく、明確に書きなさい。

《例》

○熱　×熱

○言　×言

○糸　×糸

公益財団法人 日本漢字能力検定協会

漢検

漢検 過去問題集

1級

漢検 公益財団法人 日本漢字能力検定協会

●本書に関するアンケート●

今後の出版事業に役立てたいと思いますので、アンケートにご協力ください。抽選で粗品をお送りします。

◆PC・スマートフォンの場合

下記 URL、または二次元コードから回答画面に進み、画面の指示に従ってお答えください。

https://www.kanken.or.jp/kanken/textbook/past.html

◆愛読者カード（ハガキ）の場合

本書挟み込みのハガキに切手を貼り、お送りください。

目次

この本の構成と使い方

この本は、2021・2022年度に実施した日本漢字能力検定（漢検）1級の試験問題と、その標準解答を収録したものです。

さらに、受検のためのQ&A、答案用紙の実物大見本、合格者平均得点など、受検にあたって知っておきたい情報を収めました。

□「漢検」受検 Q&A

検定当日の注意事項や、実際の答案記入にあたって注意していただきたいことをまとめました。

□試験問題（6回分）

2021・2022年度に実施した試験問題を6回分収録しました。

問題1回分は見開きで4ページです。

1級は200点満点、検定時間は60分です。時間配分に注意しながら、合格のめやすである80%程度正解を目標として取り組んでください。

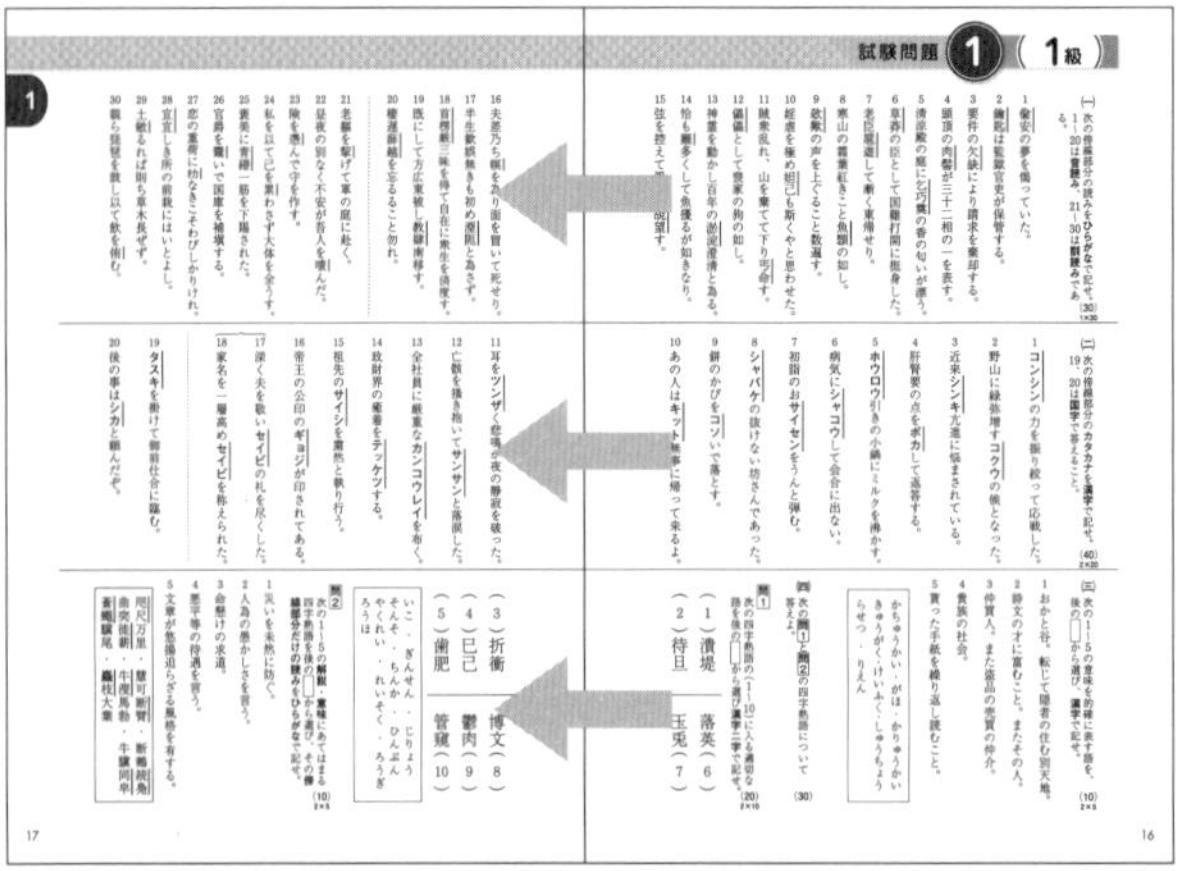

試験問題・標準解答は段ごとに右ページから左ページへ続けてご覧ください。

□答案用紙実物大見本

巻末には、検定で使う実物とほぼ同じ大きさ・用紙の答案用紙を収録。実際の解答形式に慣れることができます。問題は不許複製ですが、答案用紙実物大見本はコピーをしてお使いください。

また、日本漢字能力検定協会ホームページからもダウンロードできます。

https://www.kanken.or.jp/kanken/textbook/past.html

□別冊・標準解答

各問題の標準解答は、別冊にまとめました。1回分は見開きで2ページです。

また、試験問題**1**~**5**の解答には、(一)(二)(三)……の大問ごとに合格者平均得点をつけました。難易のめやすとしてお役立てください。

□データでみる「漢検」

「漢検」受検者の年齢層別割合・設問項目別正答率を掲載しました。

●巻頭―カラー口絵
主な出題内容、採点基準、および審査基準などを掲載。

●資料―字体について
「表外漢字字体表」より抜粋しました。解答の際の参考としてご覧ください。

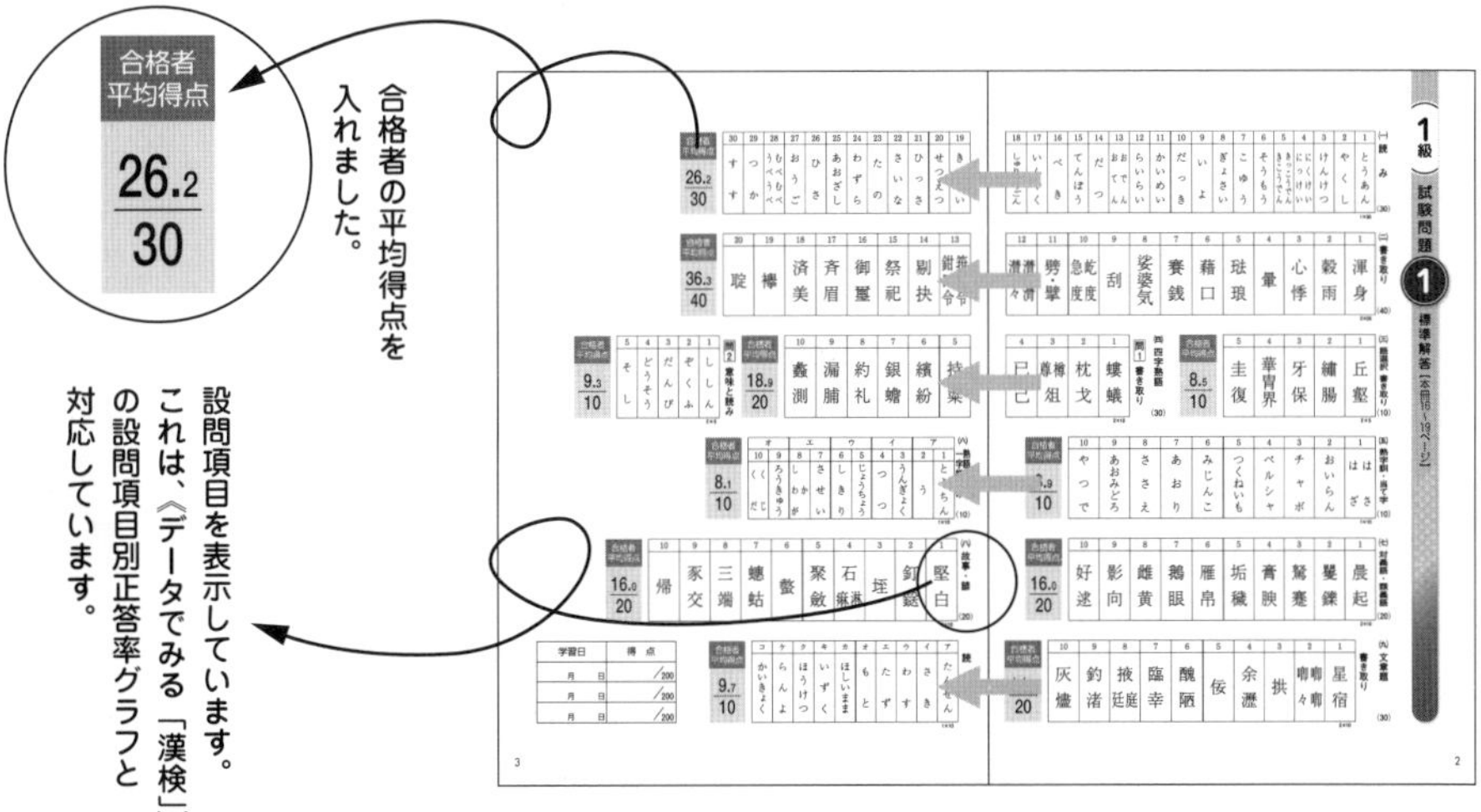

「漢検」受検 Q&A

●検定当日について

Q 検定当日の持ち物は?

A 受検票(写真の貼付が必要です)、鉛筆またはシャープペンシル(HB・B・2B)、消しゴムを必ず持参してください。ボールペンや万年筆、こすって消せるペン(摩擦熱で無色になる特殊なインクを使ったペン)などの使用は認められません。

印刷されている文字が小さくて見えにくい方は、ルーペ(拡大鏡)を使ってもかまいません。
また、時間の確認のため、腕時計を持参してもかまいません。ただし、携帯電話を時計代わりに使うことはできません。

Q 会場への集合時刻は?

A 1級の検定開始時刻は、13時40分です。
検定開始時刻の10分前から、受検上の注意説明を行いますので、検定開始の15分前には入室し、着席してください。

なお、入室・着席後は、受検票・筆記用具・腕時計以外は机上に出せません。

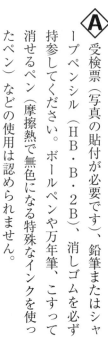

Q その他に注意することは？

A 検定会場内で携帯電話やその他電子機器を使用すると、不正行為とみなされ失格となります。電源を切って、かばんなどにしまってから入室しましょう。

検定開始後、30分を過ぎると入室できません。できるだけ遅刻はしないよう時間に余裕をもってでかけましょう。

なお、検定会場・集合時刻、その他詳しい注意事項は、受検票に記載しています（受検票は検定日の約1週間前に届きます）。よく読んで、間違いのないようにしてください。

●答案について

Q 解答方法で注意することは？

A 問題文をよく読んで答えましょう。答える部分や答え方など、問題文に指定がある場合は、必ずそれに従って答えてください。問題文の指定に合っていない答えは不正解とします。

特に、次に示す点に注意してください。

① 「常用漢字で記せ」と指定があれば「常用漢字」で答える

例　問題　次の各組の二文の（　）には**共通**する漢字が入る。その読みを後の□から選び、**常用漢字（一字）**で記せ。

複数の裁判所に（　）属する事件だ。
（　）累のない自由な身になる。

けい・こう・しゅう・そう

解答例　係……◯
繋……×　※「繋」は表外漢字

②読み問題で、「音読み」「訓読み」の指定があれば、その指定どおりに答える

例 問題 次の傍線部分の読みを**ひらがな**で記せ。1〜20は**音読み**、21〜30は**訓読み**である。

17 転倒して肋骨にひびが入った。

解答例 ろっこつ……○

あばらぼね……×

※「あばら」も「ぼね（ほね）」も訓読み

③「国字で記せ」と指定があれば「国字」で答える

例 問題 次の傍線部分の**カタカナ**を**国字**で記せ。

庭の**トチ**の実が大きくなった。

解答例 栃……○

橡……×

※「橡」は国字ではない

Q 答えをひらがなで書く際に注意することは？

A 漢字を書くときと同様に、はっきりと丁寧に書いてください。

特に、次に示す点に注意してください。

①バランスがくずれると区別がつきにくくなる字は、区別がつくように、丁寧に書く

例 い／り　か／や　く／し

て／へ　ゆ／わ　い／こ

②拗音《ようおん》「ゃ」「ゅ」「ょ」や促音「っ」は小さく右に寄せて書く

例 いしゃ…○　いしや…×

がっこう…○　がつこう…×

③濁点「゛」や半濁点「゜」をはっきり書く

例 ず…○　ず…×　ず…×

ぱ…○　ぱ…×　ぱ…×

Q 1・準1級の検定で、歴史的仮名遣いを用いて答えてもよいか？

A 解答には現代仮名遣いを用いてください。歴史的仮名遣いを用いた解答は不正解とします。

例 問題 次の傍線部分の読みを**ひらがな**で記せ。

義務を抛擲する。

解答例 ほうてき……○
はうてき……×
※「はうてき」は歴史的仮名遣い

Q 答えを漢字で書く際に注意することは？

A 漢字は、楷書で丁寧に、解答欄内に大きくはっきりと書いてください。くずした字や乱雑な字は採点の対象になりません。

特に、次に示す点に注意してください。

---

①字の骨組みを正しく書く

例 碌…○ 碌…× 疏…○ 疏…×
蟎…○ 蟎…×

②突き出るところ、突き出ないところを正しく書く

例 繡…○ 繡…× 甫…○ 甫…×
曳…○ 曳…×

③字の組み立てを正しく書く

例 渠…○ 渠…× 窪…○ 窪…×
筏…○ 筏…×

④一画ずつ丁寧に書く

例 佑…○ 佑…× 嘔…○ 嘔…×
辻…○ 辻…×

⑤よく似た別の字（または字の一部分）と区別がつくように書く

例 劫／却 干／于／千

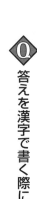

Q 次の例ではどちらが正しい書き方か？

① 言「言」か「言」か
条「条」か「条」か
令「令」か「令」か

A

どちらの書き方でも正解とします。

こうした違いについては、「常用漢字表」の「(付)字体についての解説」に、「印刷文字と手書き文字におけるそれぞれの習慣の相違に基づく表現の差と見るべきもの」として例示されており、字体としては同じ（どちらで書いてもよい）とされています。

---

② 溢「溢」か「溢」か
猜「猜」か「猜」か
祇「祇」か「祇」か

どちらの書き方でも正解とします。

これらのように、印刷文字と手書き文字におけるそれぞれの習慣の相違に基づく表現の差が、字体（文字の骨組み）の違いに及ぶ場合もあります。詳しくは、本書掲載の「印刷文字字形（明朝体字形）と筆写の楷書字形との関係」（本書45ページ）をご覧ください。

Q 「比」「衣」「越」などは「レ」と書くのか「し」と書くのか？

A 「比」「衣」「越」などの「レ」の部分は、活字のデザインにおいて、一画で書く「し」の折れを強調したものです。

検定では、次に示す例のように、「し」と一画で書いてください。

例 衣 越 仰 氏 比 留 良
麓 攘 狼 祇 滾 褻 鉞

Q 1・準1級の書き取りの場合、「3画くさかんむり／4画くさかんむり」「1点しんにょう／2点しんにょう」のどちらを書けばよいか？

A 問題文に特に指定がなければ、1・準1級の書き取りでは、「くさかんむり」は「⺾（3画くさかんむり）」「艹・艹（4画くさかんむり）」のどちらを書いても正解とします。

また「しんにょう・しんにゅう」についても、「⻌（1点しんにょう）」「⻍（2点しんにょう）」のどちらを書いても正解とします。

Q 1・準1級の検定で、旧字体を用いて答えてもよいか?

A 問題文に特に指定がなければ、新字体・旧字体いずれを用いてもかまいません。指定がある場合は、それに従って答えてください。

例 問題 次の傍線部分の**カタカナ**を**漢字**で記せ。

仏前に**ハイキ**して一心に念ずる。

解答例 拝跪……◯

拜跪……◯

※「拜」は旧字体

Q 「人人」「平平凡凡」「興味津津」のように同じ漢字が続く語句は、「々」を使って書いてもよいか?

A 「々」は同字の反復を示す符号で、「踊り字」といいます。検定の解答で使ってもかまいません。ただし、複合語の中では注意が必要です。

・一語の中での漢字一字の繰り返し…「々」でも◯

例 日々　代々　多士済々　子々孫々

・複合語での漢字の続き…「々」を使うと×

例 学生々活…×

学生生活…◯

Q 標準解答の見方は？

A

例

匙・匕

「匙」「匕」どちらでも正解とします。

天祐佑

「天佑」「天祐」どちらでも正解とします。

凄（悽凄）絶

「凄絶」「悽絶」「凄絶」どれでも正解とします。

準1級では、右の例のように、（　）で示した標準解答があります。（　）内の字は1級配当漢字です。準1級の解答では、1級配当漢字で答えてもかまいません。

Q 標準解答に、複数の答えが示されている場合、そのすべてを答えないと正解にならないのか？

A

標準解答に、複数の答えが示されている場合、そのうちどれか一つが正しく書けていれば正解とします。すべてを書く必要はありません。

なお、答えを複数書いた場合、その中の一つでも間違っていれば不正解とします。注意してください。

例　問題　次の傍線部分の**カタカナ**を**漢字**で記せ。

同じ穴のムジナ。

標準解答　狢・貉

解答例

狢　……◯

貉　……◯

狢・貉　……◯

狢・貂　……×

	試験問題	学習日	得　点
1周目	1	月　　日	点
	2	月　　日	点
	3	月　　日	点
	4	月　　日	点
	5	月　　日	点
	6	月　　日	点
2周目	1	月　　日	点
	2	月　　日	点
	3	月　　日	点
	4	月　　日	点
	5	月　　日	点
	6	月　　日	点

（1級）試験問題

試験問題 1 （1級）

(一) 次の傍線部分の読みをひらがなで記せ。1～20は**音読み**、21～30は**訓読み**である。 (30) 1×30

1 偸安の夢を惕っていた。
2 鑰匙は監獄官吏が保管する。
3 要件の欠缺により請求を棄却する。
4 頭頂の肉髻が三十二相の一を表す。
5 清涼殿の庭に乞巧奠の香の匂いが漂う。
6 草莽の臣として国難打開に挺身した。
7 老臣扈遊して漸く東帰せり。
8 寒山の霜葉紅きこと魚顋の如し。
9 欷歔の声を上ぐること数遍す。
10 婬虐を極め妲己も斯くやと思わせた。
11 賊衆乱れ、山を棄てて下り丐命す。
12 倜儻として喪家の狗の如し。
13 神霊を動かし百年の淤淀澄清と為る。
14 恰も獺多くして魚擾るが如きなり。
15 弦を控えて風塵を覘望す。

(二) 次の傍線部分の**カタカナ**を**漢字**で記せ。19、20は**国字**で答えること。 (40) 2×20

1 **コンシン**の力を振り絞って応戦した。
2 野山に緑弥増す**コクウ**の候となった。
3 近来**シンキ**亢進に悩まされている。
4 肝腎要の点を**ボカ**して返答する。
5 **ホウロウ**引きの小鍋にミルクを沸かす。
6 病気に**シャコウ**して会合に出ない。
7 初詣のお**サイセン**をうんと弾む。
8 **シャバケ**の抜けない坊さんであった。
9 餅のかびを**コソ**いで落とす。
10 あの人は**キット**無事に帰って来るよ。

(三) 次の1～5の意味を的確に表す語を、後の□から選び、**漢字**で記せ。 (10) 2×5

1 おかと谷。転じて隠者の住む別天地。
2 詩文の才に富むこと。またその人。
3 仲買人。また盗品の売買の仲介。
4 貴族の社会。
5 貰った手紙を繰り返し読むこと。

かちゅうかい・がほ・かりゅうかい
きゅうがく・けいふく・しゅうちょう
らせつ・りえん

(四) 次の**問1**と**問2**の四字熟語について答えよ。 (30)

問1 次の四字熟語の（1～10）に入る適切な語を後の□から選び**漢字二字**で記せ。 (20) 2×10

（1）潰堤　落英（6）
（2）待旦　玉兎（7）

16 夫差乃ち幎を為り面を冒いて死せり。

17 半生歓娯無きも初め湮阨と為さず。

18 首楞厳三昧を得て自在に衆生を済度す。

19 既にして方広束被し教肄南移す。

20 棲遅薜越を忘るること勿れ。

21 老軀を挈げて軍の庭に赴く。

22 昼夜の別なく不安が吾人を嘖んだ。

23 険を憑んで守を作す。

24 私を以て己を累わさず大体を全うす。

25 褒美に青緡一筋を下賜された。

26 官爵を鬻いで国庫を補塡する。

27 恋の重荷に朸なきこそわびしかりけれ。

28 宜宜しき所の前栽にはいとよし。

29 土敝るれば則ち草木長ぜず。

30 親ら琵琶を鼓し以て飲を侑む。

---

11 耳を**ツンザ**く悲鳴が夜の静寂を破った。

12 亡骸を掻き抱いて**サンサン**と落涙した。

13 全社員に厳重な**カンコウレイ**を布く。

14 政財界の癒着を**テッケツ**する。

15 祖先の**サイシ**を粛然と執り行う。

16 帝王の公印の**ギョジ**が印されてある。

17 深く夫を敬い**セイビ**の礼を尽くした。

18 家名を一層高め**セイビ**を称えられた。

19 **タスキ**を掛けて御前仕合に臨む。

20 後の事は**シカ**と頼んだぞ。

（3）折衝　　博文（8）

（4）巳己　　鬱肉（9）

（5）歯肥　　管窺（10）

いこ・ぎんせん・じりょう
そんそ・ちんか・ひんぷん
やくれい・れいそく・ろうぎ
ろうほ

問2 次の1～5の**解説・意味**にあてはまる四字熟語を後の□から選び、その**傍線部分だけの読み**を**ひらがな**で記せ。（10）2×5

1 災いを未然に防ぐ。

2 人為の愚かしさを言う。

3 命懸けの求道。

4 悪平等の待遇を言う。

5 文章が悠揚迫らざる風格を有する。

咫尺万里・慧可断臂・断鶴続鳧
曲突徙薪・牛溲馬勃・牛驥同皁
蒼蠅驥尾・麤枝大葉

(五) 次の**熟字訓・当て字**の**読み**を記せ。 (10) 1×10

1 稲架
2 花魁
3 矮鶏
4 波斯
5 仏掌薯

6 水蚤
7 障泥
8 小筒
9 水綿
10 金剛纂

(六) 次の**熟語**の**読み**（**音読み**）と、その**語義**にふさわしい**訓読み**を（送りがなに注意して）**ひらがな**で記せ。 (10) 1×10

〈例〉 健勝……勝れる → けんしょう / すぐ

ア 1 擣砧……2 擣つ
イ 3 韞玉……4 韞む
ウ 5 仍重……6 仍に
エ 7 嗄声……8 嗄れる
オ 9 拉朽……10 拉く

(七) 次の1～5の**対義語**、6～10の**類義語**を後の□の中から選び、**漢字**で記せ。□の中の語は一度だけ使うこと。 (20) 2×10

対義語

1 夜寐
2 耄耋
3 驥足
4 磽薄
5 潔浄

類義語

6 双魚
7 鳥目
8 点竄
9 示現
10 佳配

がが ん・かくしゃく・がんぱく
くえ・こうきゅう・こうゆ
しおう・しんき・どけん
ようごう

(八) 次の故事・成語・諺の**カタカナ**の部分を**漢字**で記せ。 (20) 2×10

1 **ケンパク**同異の弁。
2 退っ引きさせぬ**クギカスガイ**。
3 山に躓かずして**テツ**に躓く。
4 **セキリン**の味を嘗めて会稽の恥を雪ぐ。
5 **シュウレン**の臣あらんよりは寧ろ盗臣あれ。
6 猛虎の猶予するは蜂蠆の**セキ**を致すに若かず。
7 山を違ること十里**ケイコ**の声猶耳に在り。
8 君子は**サンタン**を避く。
9 食《やしな》って愛せざるは之を**シコウ**するなり。
10 生は寄なり死は**キ**なり。

(九) 文章中の傍線（1～10）の**カタカナ**を**漢字**に直し、波線（ア～コ）の**漢字**の**読み**を**ひらがな**で記せ。 (30) 2×10 1×10

1

A 仰いで蒼穹を観れば、無数の[1]**セイシュク**紛糾して我が頭にあり。鮮美透涼なる彼に対して、撓み易く折れ易き我如何に[ア]赧然たるべきぞ。聖にして熱ある悲慨、我が心頭に入れり。罵者の声耳辺にあるが如し、我が為すなきと、我が言うなきと、我が行くなきとを責む。われ起って茅舎を出で、且つ仰ぎ且つ俯して罵者に答うるところあらんと欲す。胸中の苦悶未だ全く解けず、行く行く秋草の深き所に到れば、忽ち聴く虫声縷の如く耳朶を穿つを。之を聴いて我が心は一転せり、再び之を聴いて悶心更に明らかなり。[イ]曩に苦悶と思いしは苦悶にあらざりけり。看よ、[2]**ショクショク**として秋を悲しむが如きもの、彼に於いて何の悲しみかあらん。彼を悲しむと看取せんか、我も亦悲しめるなり。彼を吟哦すと思わんか、我も亦吟哦してあるなり。心境一転すれば彼も無く、我も無し、邈焉《ばくえん》たる大空の百千の提灯を掲げ出せるあるのみ。手を[3]**コマネ**きて蒼穹を察すれば、我「我」を[ウ]遺れて、飄然として、襤褸の如き「時」を脱するに似たり。

（北村透谷「一夕観」より）

B 如何にせば仏教現代の衰を起こして往時の盛に回らすを得べきや。論者は多く曰うに、仏者の弊は出世間的にして世間的ならざるに在り、退守的にして進取的ならざるに在り。今の計を為すもの、社会事業を興起し海外布教を恢張するに若くは莫しと。然れども、是等はもと利他済世の事業にして、其の由って出ずる所を[エ]繹ぬれば、自行既に満足し、其の[4]**ヨレキ**溢れて此に至るものたらざる可からず。今日の教界、何れの処か弊無からん。本山は本山の大職を棄てて妄りに世俗の権勢を[オ]徼め、門末は門末の本務を忘れて[カ]恣に不義の福利を貪り、僧侶滔々、空海師の「所謂頭を剃りて欲を剃らず、衣を染めて心を染めざる者」にあらざるはなし。自行すでに荒廃し、一心未だ安立せず、[キ]焉んぞ能く利他の業を成ずるを得んや。乃ち其の為す所、悉く偽飾に出でて法を売り教えを瀆し、世に[5]**ネイ**し人に媚び、鄙野[6]**シュウロウ**習うて以て常と為し、復一毫、慚愧の心を生ずるなし。

（清沢満之「教界回転の枢軸」より）

C 平家都を落ちゆくに、六波羅、池殿、小松殿、西八条に火をかけたれば、黒煙り天に満ちて、日の光も見えざりけり。あるいは聖主[7]**リンコウ**の地なり、[ク]鳳闕空しくいしずえをのこし、[ケ]鑾輿ただあとをとどむ。あるいは后妃遊宴のみぎりなり、椒房の嵐の音かなしむ、[8]**エキテイ**の露の色うれう。藻扃《そうけい》黼帳の基なり、弋林[9]**チョウショ**の館、[コ]槐棘の座、鴛鸞のすまい、多日の経営を辞して、片時の[10]**カイジン**となれり。

（「平家物語」より）

▼解答は別冊2・3ページ

試験問題 2 （1級）

（一） 次の傍線部分の読みをひらがなで記せ。1～20は音読み、21～30は訓読みである。 (30) 1×30

1 俗は儁異を悪み世は奇才を忌む。
2 自ら驕矜するの甚だしき者なり。
3 都会の鬧熱が彼の神経を苛んだ。
4 権を持して専擅し虐天下に流る。
5 疫癘退散の加持祈禱を執り行う。
6 七仏通戒の頌偈を誦える。
7 立太子礼に春鶯囀を奏する。
8 民の気は杲乎として天に登るが如し。
9 篳門に鳥宿り闃寶に狐潜む。
10 兄弟の壎篪相和するを嘉賞す。
11 清正退約、人と未だ嘗て串狎せず。
12 啖らわすに棗脯を以てす。
13 夫大塊の噫気、其の名を風と為す。
14 掾属悉く刺を投じて去る。
15 大鈞の播化を覧、草木の殊類を察す。

（二） 次の傍線部分のカタカナを漢字で記せ。19、20は国字で答えること。 (40) 2×20

1 桜の咲き匂う春タケナワの季を迎えた。
2 不審な男に飼い犬をケシカける。
3 金襴ドンスの花嫁衣装に身を包む。
4 リュウゼンの思いだが買う金がない。
5 ケンサンを積み斯界の第一人者となる。
6 朝の港にモヤが立ち籠めている。
7 怒りの余り散々にチョウチャクする。
8 戦場で友の名を大声でシッコする。
9 ヨシズ張りの茶屋で足を休めた。
10 バイリンの時節をあじさいの花が彩る。

（三） 次の1～5の意味を的確に表す語を、後の□から選び、漢字で記せ。 (10) 2×5

1 古くからの言い伝え。
2 詩文を作ること。
3 学問・文芸が昌んに興る勢い。
4 老人。徳の高い人。また尊師。
5 帰属先不明瞭。どっちつかず。

えんざん・かんせい・きがい
けいうん・けれん・こうひ
ちくら・ばさら

（四） 次の問1と問2の四字熟語について答えよ。 (30)

問1 次の四字熟語の（1～10）に入る適切な語を後の□から選び漢字二字で記せ。 (20) 2×10

（１）尽瘁
（２）万鈞

春風（６）
瞻望（７）

16 射を争うこと齦齦たり。

17 未だ笄年に至らずして鍼黹に巧みなり。

18 丘喙長三尺有るを願わんや。

19 吉凶妖祥を知るは傴巫跛覡の事なり。

20 睚眥則ち剣を挺き暗嗚則ち弓を彎く。

21 嬾い春の一日を過ごすともなく過ごす。

22 先師の奥津城に花を手向ける。

23 鰧の如き奇っ怪な相貌が度肝を抜く。

24 身辺がにわかに遽しくなった。

25 苦きこと檗などのようにて心地惑う。

26 栲の穂に夜の霜降り磐床と川の氷凝る。

27 仲尼亟水を称う。

28 羨れるを以て足らざるを補う。

29 天我に縦すに武を以てす。

30 詩に曰く、天命は忱に匪ず。

---

11 脅したりスカしたりしてうんと言わす。

12 本書が初学者のシオリとなる事を願う。

13 都塵を遁れユウスイなる山林に遊ぶ。

14 風俗をビンランし民心の廃頽を招く。

15 廃園の樹樹の枝葉がシンシとして茂る。

16 老いたるキキも志は尚千里に在った。

17 斬新な試みが家元のキキに触れた。

18 公用文書をキキした罪で起訴された。

19 染めた布帛をシンシで乾かす。

20 三千トン級の潜水艦が潜んでいた。

（3）量力

（4）利口

（5）皓歯

円融（8）

甘井（9）

和顔（10）

あいご・きっきゅう・さんたい
しさ・しょくふ・せんけつ
たいとう・たくとく・まんり
らいてい

問2 次の1～5の**解説・意味**にあてはまる四字熟語を後の□から選び、その**傍線部分だけの読み**を**ひらがな**で記せ。
(10) 2×5

1 他人をあれこれ論評する。

2 風流心のないこと。

3 来訪者への敬意の表れ。

4 日常茶飯の事を言う。

5 老人の喩。

尨眉皓髪・花下曬褌・沐浴抒溷
黄髪垂髫・行屎走尿・門巷塡隘
許劭月旦・三釁三浴

(五) 次の**熟字訓・当て字**の**読み**を記せ。 (10) 1×10

1 秘露
2 香橘
3 啄木鳥
4 五十集
5 江浦草
6 洋琴
7 旗魚
8 寿詞
9 香具師
10 牙婆

(六) 次の**熟語**の**読み**(**音読み**)と、その**語義**にふさわしい**訓読み**を(送りがなに注意して)**ひらがな**で記せ。 (10) 1×10

〈例〉 健勝……勝れる → けんしょう / すぐ

ア 1 贏儲……2 贏る
イ 3 濬哲……4 濬い
ウ 5 耕耨……6 耨る
エ 7 搏土……8 搏める
オ 9 溘死……10 溘か

(七) 次の1~5の**対義語**、6~10の**類義語**を後の□の中から選び、**漢字**で記せ。□の中の語は一度だけ使うこと。 (20) 2×10

対義語
1 東雲
2 嚮導
3 孱弱
4 夭殤
5 倨傲

類義語
6 権輿
7 登霞
8 秘蘊
9 涓埃
10 亀鑑

あんが・うぎ・かいご
かいたい・かれい・けんたい
こんずい・そうゆ・どうおう
らんしょう

(八) 次の故事・成語・諺の**カタカナ**の部分を**漢字**で記せ。 (20) 2×10

1 **キュウカ**花を生ぜず。
2 信は**ショウゴン**より起こる。
3 良工は**クサク**の中《うち》に漸《なら》う。
4 物に必至あり、事に**コゼン**あり。
5 道は**ショウセイ**に隠れ言は栄華に隠る。
6 目、鏡を失えば則ち以て**シュビ**を正すこと無し。
7 蚯蚓の木登り蛙の**シャチホコ**立ち。
8 紫燕は柳樹の枝に戯れ白鷺は**リョウカ**の蔭に遊ぶ。
9 **キョウラン**は翼を接えず。
10 **キョウラン**を既倒に廻らす。

(九) 文章中の傍線(1~10)の**カタカナ**を**漢字**に直し、波線(ア~コ)の**漢字**の**読み**を**ひらがな**で記せ。 (30) 2×10 1×10

A　円朝、慨然として頽風を[1]シンキせんことを以て己《おの》が任と為す。[ア]輒ち起ちて之を排し、想を世情に運び、俳優を摸態す。座に[イ]陞って技を演ずる毎に、[2]シチク節を奏し、絃歌曲を[ウ]資く。声音宏亮として、[エ]顧眄嫣然たり。凡そ一切世間の喜怒哀楽愛悪の情と、夫《か》の[3]ショウロウ戯場の酔客罵詈、[4]ユウヤ相思の態と、以て志士[5]ジンジンの苦を嘗め辛を食らい節に死し義に斃るるの事に及ぶ。其の歯頬に供せざる無く、昂低折旋、具に其の妙を極む。万客眉を攢めて感歎し、掌を拍って称賛す。年[オ]纔かに弱冠、名大いに都中に喧し。弟子数十人、其の偏号を得るを以て栄と為す。

（信夫恕軒「三遊亭円朝伝」より）

B　日本の地形、幅狭く、丈長く蜿蜒として細く伸張し、而して峻崇たる山脈は、海岸線に并行して国の中央に連続す。況んや火山力多大なるが故に、警抜秀俊なる峯頭は[カ]崛然聳起し、玉筍簇々、森列して際なし、四周なる[キ]大瀛の水より発上せる多量の水蒸気は、雨となり霜となり氷雪となり、泉となり[6]カンスイとなり河流となり、以て急激なる斜面を直瀉して下り来る。其の初め泉水声なきに似、既にして幽咽微かに音あり、既にして濺々、既にして湲々、[7]ウキョクして下り、漸く其の速力を増進し忽ち巨巌に当たるや、[8]ウツボツ憤然、奮躍して巌に上り、之を剝磨し去り、勢い駆逐して下り、更に峭然たる巌壁に当たるや、激して飛雨となり、奔馬の如く下り、到る処脆弱なる地皮を剝磨し来る。

（志賀重昂「日本風景論」より）

C　[ク]倩神田須田町のけしきを思うに、千里の外の青草は麒麟につけてこれをはこばせ、鳳の卵は[9]ヌカにうずみ、雪の中の茗荷、二月の西瓜、朝鮮の葉人参緑もふかく、唐のからしの紅なるも、今此の江戸にもてつどい、風、とうきびの[ケ]朶をならさず、雨、土[10]ショウガをうごかさねば、青物の作意時を得て、かいわり菜の二葉に、松茸の千とせを祈り、芋のはの露ちりうせずして、ささげのかずら長くつたわれらば、そらまめをあおぎて、今此のときをこいざらめかも冬瓜《かもうり》。

時に延宝八庚申季[コ]穐の日　華桃園

（松尾芭蕉「常盤屋句合」跋より）

▼解答は別冊4・5ページ

(一) 次の傍線部分の読みを**ひらがな**で記せ。1～20は**音読み**、21～30は**訓読み**である。 (30) 1×30

1 民の彝を秉ること是の懿徳を好む。
2 舅甥を重んじて諸国の王に封ずる。
3 譬えば水牯牛《すいこぎゅう》の窓欞を過ぐるが如し。
4 蔡を居き節を山にし梲に藻す。
5 孑孒蟁《ぶん》と為る。
6 猿の眠りたるや但膃肭たり。
7 陰暦三月上巳に祓禊の祭事があった。
8 粢盛秬鬯を以て上帝に事う。
9 郷人の儺には朝服して阼階《そかい》に立つ。
10 賁育の勇と雖も陛下に及ばず。
11 香餌の下、口に触るるは是銛鉤なり。
12 培塿何ぞ千丈の幹有らんや。
13 縲絏纍纍《るいるい》として且に死せんとす。
14 遠きは三月を、近きは浹日を過ぎず。
15 榾柮、炉前に布衾を擁す。

(二) 次の傍線部分の**カタカナ**を**漢字**で記せ。19、20は**国字**で答えること。 (40) 2×20

1 **ハバカ**り乍ら一言申し上げる。
2 高熱を発し**センモウ**状態になる。
3 **マナジリ**を決して最後の血戦を挑む。
4 泣く泣く亡骸を**ダビ**に付した。
5 **ショウショク**の務めを果たす所存です。
6 長年に亘って姑に**カシズ**いてきた。
7 年の割には**ヒ**ねている。
8 **ス**ねて口を利こうともしない。
9 桁外れの**リョリョク**で天の磐戸を開く。
10 ゆくりなく陛下に**シセキ**する栄を得た。

(三) 次の1～5の意味を的確に表す語を、後の□から選び、**漢字**で記せ。 (10) 2×5

1 当歳児。転じて国民・人民。
2 顔に入れ墨をすること。またその顔。
3 金銭欲。また金力に任せた処世を言う。
4 文字の誤り。
5 長閑な春の日差し、また麗らかな春景。

うえんば・げいめん・けんどん
しょうこう・せいし・ちじつ
とうけいか・どうしゅう

(四) 次の**問1**と**問2**の四字熟語について答えよ。 (30)

問1 次の四字熟語の（1～10）に入る適切な語を後の□から選び**漢字二字**で記せ。 (20) 2×10

（1）看戯
（2）蛇行

斎戒（6）
縞衣（7）

16 簪笏南庭に行を成す。
17 莽兵大潰し百余里の間に奔殪す。
18 遺骸を中原に暴露し山谷に霑漬す。
19 隼終に弋繳に嬰《かか》る。
20 白しと曰わずや、涅して緇まず。
21 戮力して異族の務りを禦ぐ。
22 爾の時に世尊諸の菩薩摩訶薩を嚮す。
23 醬酢に蒜つき糅てて鯛願う。
24 篷の粗き目より月残りなくさし入る。
25 汲むこと多ければ井水渾る。
26 其の中に弸ちて外に彪《あらわ》る。
27 叔向、子産に書を詒らしむ。
28 乂めて姦に格らざらしむ。
29 籍因って疾を以て辞し田里に屛く。
30 不虞に備えずんば以て師すべからず。

11 唐の都長安は**インシン**を極めていた。
12 人民は歳役や**ゾウヨウ**を課せられた。
13 **ツルハシ**をふるって地面を掘り起こす。
14 名立たる茶人を招いて**メイエン**を張る。
15 太上天皇として**フンユ**の居を占める。
16 戊辰の年に両国が**キンタン**を啓いた。
17 月を賞でて**イッサン**を傾ける。
18 度々詩友の**イッサン**を博した。
19 **コノシロ**を酢で締める。
20 一一**シャク**に障ることばかり言う。

（3）玉質　霧鬢（8）
（4）魍魎　鳳凰（9）
（5）善舞　諸悪（10）

うひ・ききん・せんし
ちみ・ちょうしゅう・とせつ
ふうかん・まくさ・もくよく
わいし

問2 次の1〜5の**解説・意味**にあてはまる四字熟語を後の□から選び、その**傍線部分だけの読み**を**ひらがな**で記せ。 (10) 2×5

1 貧者の見窄らしく粗末な家。
2 天与の美質の喩。
3 悪のはびこるさま。
4 有備無患の訓え。
5 邇きに在りて遠きを求むの愚。

桑土綢繆・一里撓椎・璞玉渾金
甕牖縄枢・区聞陬見・騎驢覓驢
藜杖韋帯・衍曼流爛

(五) 次の**熟字訓・当て字**の**読み**を記せ。 (10) 1×10

1 老海鼠
2 木耳
3 海豹
4 棠棣
5 草烏頭
6 提琴
7 金翅雀
8 葡萄牙
9 戎克
10 執翳

(六) 次の**熟語**の**読み**(**音読み**)と、その**語義**にふさわしい**訓読み**を(送りがなに注意して)**ひらがな**で記せ。 (10) 1×10

〈例〉 健勝……勝れる → けんしょう / すぐ

ア 1 愿愨……2 愨む
イ 3 莠言……4 莠い
ウ 5 莅事……6 莅む
エ 7 泛駕……8 泛す
オ 9 俶儻……10 俶れる

(七) 次の1～5の**対義語**、6～10の**類義語**を後の□の中から選び、**漢字**で記せ。□の中の語は一度だけ使うこと。 (20) 2×10

対義語

1 旰昃
2 曩祖
3 遺却
4 樗散
5 摂受

類義語

6 潤筆
7 菲才
8 驟然
9 淑慝
10 筆耕

きごう・こうこん・しゃくぶく
しゅっこつ・しゅんぼう・しんめい
せんろく・そうこ・ぞうひ
ふねい

(八) 次の故事・成語・諺の**カタカナ**の部分を**漢字**で記せ。 (20) 2×10

1 馬の**シドウ**、狐の困快。
2 **カンゼン**として氷釈す。
3 **ランジャ**の室に入る者は自ら香ばし。
4 鷙鳥百を累ぬとも**イチガク**に如かず。
5 自惚れと**カサケ**の無い者はない。
6 孔丘**トウセキ**倶に塵埃。
7 常常**キラ**の晴れ着なし。
8 **ケイヨウ**は少なきを以て貴なりとし、石礫は多きを以て賤しとす。
9 滄浪の水清まば以て吾が**エイ**を濯うべし。
10 **エイ**を含み華を咀《くら》う。

(九) 文章中の傍線(1～10)の**カタカナ**を**漢字**に直し、波線(ア～コ)の**漢字**の**読み**を**ひらがな**で記せ。 (30) 2×10 1×10

A　三年後、孔子が偶蒲を通った。先ず領内に入った時、「善い哉、由や、恭敬にして信なり」と言った。進んで[1]ユウに入った時、「善い哉、由や、忠信にして寛なり」と言った。愈子路の邸に入るに及んで、「善い哉、由や、明察にして断なり」と言った。轡を執っていた子貢が、未だ子路を見ずして之を褒める理由を聞くと、孔子が答えた。已に其の領域に入れば[2]デンチュウ悉く治まり[3]ソウライ甚だ[ア]辟け[イ]溝洫は深く整っている。治者恭敬にして信なるが故に、民其の力を尽くしたからである。民家の牆屋は完備し樹木は繁茂している。治者忠信にして寛なるが故に、民其の営をゆるがせにしないからである。さて愈その庭に至れば甚だ清閑で従者[4]ボクドウ一人として命に違う者が無い。治者の言、明察にして断なるが故に、其の政が[ウ]紊れないからである。未だ由を見ずして悉く其の政を知った訳ではないかと。

（中島敦「弟子」より）

B　[エ]市尹ホースマンなる人、会社を結び、巴里の[オ]街衢紆余曲折する者を改め直達に造り、又、旧時は人多く徒歩し、貨物の外車載する者少なきに因り、巷上狭隘なるも往来に礙せざりしに、今時は、馬車[カ]塡咽何れの途も肩摩[5]コクゲキなれば、必ず街路を修拓せざるを得ず。故に人家の往来に妨げある者は、皆購い[キ]毀ちて道路を改造す。其の意、満都の道路をして残らずフルバールと名づけ、樹木を列栽せる大路と成さんと期せり。現に今、数十箇所の造築に取り掛かり、新築美麗の家屋も、見ざること纔か[6]ジュンジツの間にたちまち片礎も存せざるに至るあり。

（栗本鋤雲「暁窓追録」より）

C　自由党、其の無主義、無[7]ケイリンを以て、殆ど自ら[8]ヒョウボウして隠さず、其の利禄を図るが如きは、自ら[ク]夸燿して得々たり。故に旧敵を恨みず新来を賤しまず、其の能く[ケ]尨然大を成す所以也。伊藤侯、其の区々の宣言書を以て自由党を矯正せんと欲す、自ら[コ]揣らざるの甚だしと謂う可し、今や侯全く自由党の親分と成り了われりと。思うに能く今の自由党を矯正して之を規儀に納るる者は、必ずや釈迦、孔子以上の人物也。今の計を為すには、他に一の政党を作りて、天下の人心を[9]シュウランし、天下の義心を激揚し、其の末や自由党を挙げて之を排斥し、政界に歯せしめざるに在り。腐壊彼の如く甚だしきは、復[10]サイドす可からず。

（中江兆民「一年有半」より）

▼解答は別冊6・7ページ

㈠ 次の傍線部分の読みを**ひらがな**で記せ。1～20は**音読み**、21～30は**訓読み**である。 （30） 1×30

1 深山に鐘が鏗鏗と鳴り響く。
2 蜿蜿と延びる之字路を辿る。
3 内に機密を幹《つかさど》り出でて誥命を宣す。
4 地層の裂罅にセメントを注入する。
5 枕簟を斂め室堂及び庭を灑掃す。
6 吹花擘柳の風が吹き過ぎる。
7 城を高くし塹を深くし藺石を具う。
8 俛仰の間にして四海の外を撫す。
9 舟を江海に浮かべ楫櫂を捐棄す。
10 夫聖人は鶉居して鷇食《こうしょく》す。
11 心を竭くして自ら勖厲する。
12 仗旗の纛旛を立てて即位礼を行う。
13 窮閻阨巷に処り困窘して履を織る。
14 種々の山菜を筐筥に盛って献上する。
15 鴇羽の嗟が国中に満ちていた。

㈡ 次の傍線部分の**カタカナ**を**漢字**で記せ。19、20は**国字**で答えること。 （40） 2×20

1 町内の**ドブサラ**いに駆り出される。
2 誰何すると**イダテン**走りに逃げ出した。
3 **ヒザマズ**いて赦しを乞う。
4 講義しながら数**カイギャク**を弄する。
5 お望みなら君に**ノシ**を付けて進呈する。
6 秋も深まり**ソウコウ**の時節となった。
7 **ス**えたような嫌な匂いがする。
8 立ち上がる時下肢に**トウツウ**を覚えた。
9 **フシクレ**立った手で書状を認める。
10 **コツコツ**と努力を重ねた甲斐があった。

㈢ 次の1～5の意味を的確に表す語を、後の□から選び、**漢字**で記せ。 （10） 2×5

1 読書・学問をすること。
2 史料、記録の別称。また歴史。
3 手段、方便。また手引、階梯。
4 本の虫。また書痴の類を言う。
5 鐘や鼎に刻された文字。

かんさつ・かんし・かんせい
さっき・せんちゅう・せんてい
とぎょ・もっこう

㈣ 次の**問1**と**問2**の四字熟語について答えよ。 （30）

問1 次の四字熟語の（1～10）に入る適切な語を後の□から選び**漢字二字**で記せ。 （20） 2×10

（1）長夜
（2）陣馬

牝牡（6）
明眸（7）

16 山林羈鞅少なし、世路艱阻多し。
17 鱗鰭首尾宛も刻画の若し。
18 放飯する毋れ、流歠する毋れ。
19 殷たる雷大風を従え霾翳を散ぜしむ。
20 彭殤を斉しくするは妄作為り。

21 参差たる木を組んで槎とする。
22 子は将に奚をか先にせんとする。
23 有漢業を山南に剏め跡を三秦に発《おこ》す。
24 羞むるに含桃を以てす。
25 麓を罩めて川霧が立つ。
26 陸には源氏箙を叩いてどよめきけり。
27 帝曰く、兪り予聞くも如何と。
28 往きて之に馬を饋る。
29 屢厥の先祖父を思う。
30 君子以て獄を折め刑を致す。

---

11 **デガ**らしの茶をうまそうに啜る。
12 お**アツラ**え向きの上天気になった。
13 王冠に**カンニュウ**された宝石が煌めく。
14 憎い仇を**ハッタ**と睨み据えた。
15 党員の行動に**セイチュウ**を加える。
16 長年**コウシツ**の交わりを結んできた。
17 **コウロウ**を経た老臣が輔弼する。
18 無為自然を尚び**コウロウ**の学を唱える。

19 **エソ**は高級煉り製品の原料となる。
20 **ホロ**に敵の放った矢の当たる音がした。

（3）蕭然
（4）不遇
（5）仏性

懸崖（8）
擠陥（9）
雲壌（10）

かんか・かんと・げつべつ
こうし・ざんぶ・しつう
ふうしょう・むみょう・りこう
ろくば

問2 次の1〜5の**解説・意味**にあてはまる四字熟語を後の□から選び、その**傍線部分だけの読み**を**ひらがな**で記せ。 (10) 2×5

1 能力学識の改善向上に努める。
2 外観に囚われず物事の実相に迫る。
3 仏の三十二相の一。肉髻に同じ。
4 とてもあてにできない。
5 物事の前兆の喩。

烏瑟膩沙・史籀大篆・断薺画粥
磑風舂雨・佇思停機・鏃礪括羽
河清難俟・鞭辟近裏

(五) 次の**熟字訓・当て字**の**読み**を記せ。 (10) 1×10

1 水蠆

2 雲呑

3 木通

4 沙蚕

5 金襖子

6 流鏑馬

7 鉄刀木

8 赤目魚

9 九面芋

10 山蘿蔔

(六) 次の**熟語**の**読み**(**音読み**)と、その**語義**にふさわしい**訓読み**を(送りがなに注意して)**ひらがな**で記せ。 (10) 1×10

〈例〉 健勝……勝れる → けんしょう　すぐ

ア 1 翊戴……2 翊ける

イ 3 翕合……4 翕める

ウ 5 搏景……6 搏つ

エ 7 訐揚……8 訐く

オ 9 明嶷……10 嶷い

(七) 次の1～5の**対義語**、6～10の**類義語**を後の□の中から選び、**漢字**で記せ。□の中の語は一度だけ使うこと。 (20) 2×10

対義語

1 劈頭

2 豊穣

3 結綬

4 頑陋

5 和煦

類義語

6 芳墨

7 鴟梟

8 瞬目

9 饗応

10 開帆

かいらん・かったつ・きょうけん
ぎょくしょう・けいかん・けいしょ
さいこ ・ だんしきょう ・ とうび
りょうしょう

(八) 次の故事・成語・諺の**カタカナ**の部分を**漢字**で記せ。 (20) 2×10

1 **イラカ**破れて霧不断の香を焚く。

2 **ハクギョクロウ**中の人と化す。

3 衆口金を鑠かし**セッキ**骨を銷す。

4 **ヘッツイ**より女房。

5 **バチ**が当たれば太鼓で受ける。

6 海は**スイロウ**を譲らず、以て其の大を成す。

7 貧賤に**セキセキ**たらず、富貴に忻忻たらず。

8 **シンル**に順う者は帷幕を成す。

9 **ショウキ**大臣の棚から落ちたよう。

10 水行**コウリュウ**を避けざるは漁父の勇なり。

(九) 文章中の傍線(1～10)の**カタカナ**を**漢字**に直し、波線(ア～コ)の**漢字**の**読み**を**ひらがな**で記せ。 (30) 2×10 1×10

A　余が岳南の曽棲村に至れば、帰牛牟々落暉を帯びて静かに度る小川の[ア]漣漪にも岳影皺み、千本松原の露隕つること多きところ、欹帆仄帆皆晴湾に涵せるこの高根の上を行き、縉紳の[イ]別墅の楣間《びかん》を照らすの紫嵐の色は復尋常一様の家に入る、冥目して其の美を心に描けば悠遠崇高、一たび登りて其の高を極めんとす、今茲七月念三日終に登る。函嶺より望めば晴巒雨峯を圧して高く雲漢を抜くの此の山あり、上峰は五朶を成せり、上青天と連なり下白雲と接す、客舎に就く日は亭午に近し、主人曰く登岳の客は皆[1]**ヘイタン**にして行く、貴客は京人、[2]**セイショウ**の具に乏しからん、豪力を傭《やと》えと、豪力なるものは綿衣、草鞋、食糧を負うて客の東道をなすもの、余や応ぜず。先ず草鞋数隻を買い来らしめて之を腰間に[ウ]佩び騎して発す、主人送りて戒めて曰く岳上日暮寒きこと甚だし、石室のうちに宿するといえども[3]**フスマ**を重ねて僅かに困夢を得るのみ、朔風猟々として加賀の白山を度り甲州の諸山を掠めて直に岳に至り宝永山の大洞谺して之を吸い横さまに欠処より吹く[4]**サレキ**や残雪や皆活きて走る。

（遅塚麗水「不二の高根」より）

B　輒ち橋を渡りて僅かに行けば、日光冥く、山厚く畳み、嵐気冷ややかに壑深く陥りて、幾廻りせる葛折の、後ろには密樹に声々の鳥呼び、前には幽草歩々の花を発き、[エ]逾躋れば、遥かに木隠れの音のみ聞こえし流れの水上は浅く露れて、[オ]驚破や、斯《ここ》に空山の雷白光を放ちて[カ]頽れ落ちたる乎と凄まじかり。道の右は山を劉《き》りて長壁と成し、幾条とも白糸を乱し懸けたる細瀑小瀑の珊々として濺げるは、嶺上の松の調べも、定めて此の[5]**オ**よりやと見捨て難し。抑塩原の地形たる、綿々として箒川の流れに[キ]泝る[ク]片岨の、四里に岐れ、十一里に亙りて、到る処[ケ]巉巌の水を[コ]夾まざる無きは、宛然青銅の薬研に瑠璃末を砕くに似たり。

（尾崎紅葉「金色夜叉」より）

C　吾人は敢えて此の篇を以て些かの[6]**カシ**なしといわず、而れども作者がお力に向かって無量の同情をそそぎ、其の醜陋[7]**ヒワイ**に包まれたる一点憐れむべきの心情を、彼に代わって発露し来りたるに向かって十二分の賞賛を作者に呈するを[8]**チュウチョ**せず。近時[9]**ユウゼン**の作家中、猶よく此の作に[10]**ガ**して遜色なきを得るものありや、作者が新進として優に其の伎倆を先輩に抽きんずると、其の筆致の軽妙、着眼の奇警、観察の精緻、大いに天外と相似たるものなきに非ず。吾人は後進中に在って男作者には天外を推し、女流に在っては此の作者を推す。

（田岡嶺雲「一葉女史の『にごりえ』」より）

▼解答は別冊8・9ページ

㈠ 次の傍線部分の読みを**ひらがな**で記せ。1〜20は**音読み**、21〜30は**訓読み**である。 (30) 1×30

1 庠黌に在りて孜々として勤苦す。
2 蟾宮須らく志を展ぶべし。
3 光沢のある繻子の帯を締めている。
4 薛蘿誠に恋うべし、婚嫁復如何せん。
5 毛毳を以て衣を為る。
6 槍の穂の如き絶巓を咫尺の間に覗う。
7 ナポレオン麾下の精鋭と戟を交える。
8 或る者戡乱神功に在りと謂う。
9 饕戻を是絀《しりぞ》け英才を是列す。
10 楔状の文字らしきものが刻されている。
11 幽州の老酋柘黄を著く。
12 欲を馬に恣にする者轡筴の制を擅にす。
13 船に在る者其の纜を斫断し船復漂蕩す。
14 一村の生計杼梭に非ず。
15 使者の来るを聞き杖つき梳盥に就く。

㈡ 次の傍線部分の**カタカナ**を**漢字**で記せ。19、20は**国字**で答えること。 (40) 2×20

1 人事の刷新に**オオナタ**を振るう。
2 **ウズクマ**って苦しそうにしている。
3 調理した魚肉に**クズアン**をかける。
4 旧来の陋習が**クビキ**になっていた。
5 近時人心が**イビ**沈滞している。
6 囲炉裏に粗朶を**ク**べる。
7 相場の**ハコウ**状態が続く。
8 **ギセイ**資本を過大に評価する。
9 **エンマチョウ**に書き付けておく。
10 義理と人情の**ガンジガラ**めに苦しむ。

㈢ 次の1〜5の意味を的確に表す語を、後の□から選び、**漢字**で記せ。 (10) 2×5

1 暦の初め、元旦。新帝即位時の改元。
2 計り知ることのできない長い時。
3 昨年の暮れ。去年の十二月。
4 すえの世、澆季。
5 神話上の人、また日の御者転じて日月。

かいさく・かくろう・ぎか
こうが・さいがい・しゅくせい
じんでんごう・りたん

㈣ 次の**問1**と**問2**の四字熟語について答えよ。 (30)

問1 次の四字熟語の（1〜10）に入る適切な語を後の□から選び**漢字二字**で記せ。 (20) 2×10

（1）玉骨　　繁文（6）
（2）不設　　銅駝（7）

16 兄弟孝養し閭門雝和す。
17 孤寡を存問し貧弱を賑恤す。
18 唐韻に云う、噦噫は逆気なり。
19 其の樊及び纓、皆條糸を以て之を飾る。
20 蒼松に蔭して芸帙舒ぶ。

21 春秋鼎に盛んなり。
22 枌板もち葺ける板目あわざりけり。
23 迺ち疆り迺ち理む。
24 君子は義に喩り、小人は利に喩る。
25 倥った奴じゃほどに苦しゅう有るまい。
26 暴に龕つは神理に資《よ》る。
27 その身を案じ輦の宣旨などのたまわす。
28 謀泄るれば事に功無し。
29 豈一朝の釐むる所ならんや。
30 国君使者と出でて畋りす。

---

11 獲物を見る眼が**ランラン**と光る。
12 誰彼の見境なく名刺を**バラマ**く。
13 善意が思いもよらぬ結果を**モタラ**す。
14 **フコ**の民の大量虐殺があった。
15 **ウラボンエ**の迎え火をたく。
16 **セキレキ**と降り頻った霖雨も霽れた。
17 尊師の**シビ**を拝する。
18 仏殿の**シビ**を見上げる。

19 大宰府より**ハラカ**の使いが都へ上る。
20 台場に**オオヅツ**数門が並ぶ。

（3）鮮明
（4）狐鳴
（5）皆空

薤露（8）
天宇（9）
党同（10）

きし・けいきょく・こうか
こうり・ごうん・じょくれい
ちろ・ばつい・ひょうき
れいしゅ

問2 次の1～5の**解説・意味**にあてはまる四字熟語を後の□から選び、その**傍線部分だけの読み**を**ひらがな**で記せ。 (10) 2×5

1 母と子の気持ちが通い合う。
2 私意を廃しあるがままに身を任せる。
3 古来の彝則に従う。
4 玉に瑕の類。
5 男女が愛情を通わせ合う。

虚融澹泊・自然法爾・噬指棄薪
規行矩歩・狐裘羔袖・扇枕温衾
投瓜得瓊・蹈常襲故

(五) 次の**熟字訓・当て字**の**読み**を記せ。 (10) 1×10

1 海盤車
2 花楸樹
3 行器
4 白頭鳥
5 乙甲
6 木綿垂
7 水爬虫
8 西班牙
9 海布
10 梭子魚

(六) 次の**熟語**の**読み**(**音読み**)と、その**語義**にふさわしい**訓読み**を(送りがなに注意して)**ひらがな**で記せ。 (10) 1×10

〈例〉 健勝……勝れる → けんしょう／すぐ

ア 1 岑嵓……2 嵓しい
イ 3 啜賺……4 賺す
ウ 5 龐錯……6 龐れる
エ 7 牖民……8 牖く
オ 9 趣装……10 趣す

(七) 次の1〜5の**対義語**、6〜10の**類義語**を後の□の中から選び、**漢字**で記せ。□の中の語は一度だけ使うこと。 (20) 2×10

対義語

1 向来
2 進陟
3 雅楽
4 千鈞
5 畏日

類義語

6 玄黄
7 妹背
8 縷述
9 磽瘠
10 不世出

あいじつ・えんおう・きゅうはつ・きょうこう・こうせい・ししゅ・じょご・ちゅんけん・ていせい・ふうさい

(八) 次の故事・成語・諺の**カタカナ**の部分を**漢字**で記せ。 (20) 2×10

1 **チョウゲイ**の百川を吸えるが如し。
2 竜吟ずれば雲起こり虎**ウソブ**けば風生ず。
3 愚者は**セイジ**に闇く智者は未萌に見る。
4 官は**カン**の成るに怠る。
5 画竜**テンセイ**を欠く。
6 **リギュウ**の喩え。
7 **キョシツ**白を生ず。
8 王昭君が**コチ**の旅。
9 髪結いの**チャセン**髪。
10 一人善く射れば百夫**ケッシュウ**す。

(九) 文章中の傍線(1〜10)の**カタカナ**を**漢字**に直し、波線(ア〜コ)の**漢字**の**読み**を**ひらがな**で記せ。 (30) 2×10 1×10

A　御者は物をも言わず美人を引っ抱えて、飜然《ひらり》と馬に跨がりたり。御者は真一文字に馬を飛ばして、雲を霞と走りければ、美人は魂身に添わず、目を閉じ、息を凝らし、五体を縮めて、力の限り渠の腰に[1]**スガ**りつ。風は颼々《しゅうしゅう》と両腋に起こりて毛髪竪ち、道は宛然河の如く、濁流脚下に奔注して、身は是虚空を[2]**マロ**ぶに似たり。渠は実に死すべしと念いぬ。次第に風歙[ア]み、馬駐まると覚えて、直ちに昏倒して正気を失いぬ。是御者が静かに馬より扶け下ろして、茶店の座敷に舁[イ]き入れたりし時なり。渠は此の介抱を主の嫗に嘱みて、其の身は息をもつかず再び[3]**ルイバ**に策[ウ]うちて、旧《もと》来し路を急ぎけり。
程無く美人は醒めて、こは石動《いするぎ》の棒端[エ]なるを覚りぬ。

（泉鏡花「義血俠血」より）

B　現今の教育は其の完全周浹[オ]なることに於いて、前代の比す可きでは無い程度に発達して居る。必ずしも智育に偏しては居ない。必ずしも徳育を欠いては居ない。必ずしも体育を懈[カ]っては居ない。教育家が十二分に教育方針を研究して、十二分に教育設備を円満になさんとして、努力して居る結果、殆ど[4]**ヨウカイ**すべき余地の無いまでに、一切は整頓して居るのが、現今の状態であるから、其の点に就いては、多く言わざるも可なりである。ただ教育の標的が、最簡最明に挙示されて居らぬ。標的ただ四、其の題を称うれば、一口気にして余りあり、しかも其の義理、其の意味、其の情趣、其の応用に於けるや、滾々[キ]として尽きず、[5]**オウオウ**として溢れんと欲するものがある。願わくは予と天下為すあらんとするの人と共に、之を口称心念して遺[ク]れざらんとするのである。如何なるか是四箇の標的。一に曰く、正なり。二に曰く、大なり。三に曰く、精なり。四に曰く、深なり。之を標的として進まば、時に小[6]**サチ**あらんも、終に必ず大いに伸達するを得べきは疑うべくも無い。正、大、精、深。如何にも[7]**チントウ**である。新奇のことでは無い。

（幸田露伴「努力論」より）

C　幽囚中懸料の論なれば隔靴の所多からん。さりながら天下の大勢は大略知れたるもの、実に神州の[8]**リクチン**憂うべきの至りなり。幕府遂に人なし、瑣屑[ケ]の事は可なりに弁じも致すべけれども、宇宙を達観して大略を展ぶるの人なし。外夷控馭[コ]最も其の宜しきを失い著々人に制せらるることばかり、[9]**キチュウ**・甲寅より已に六七年に及べども今に航海の事なし。然れども幕府の吏皆肉食の鄙夫と紈袴《がんこ》の子弟のみなれば、[10]**ナカンズク**一二の傑物ありとも、衆楚の囂々、一斉人の能く克つべきに非ず。

（吉田松陰「北山安世宛書簡」より）

▼解答は別冊10・11ページ

試験問題 6 （1級）

(一) 次の傍線部分の読みを**ひらがな**で記せ。1～20は**音読み**、21～30は**訓読み**である。 (30) 1×30

1 杳渺たる海彼を見霽るかす。
2 天下の至柔は天下の至堅を馳騁す。
3 恩師の遺稿集に誄文を掲載する。
4 和気香風の中に臥榻を据えて寝そべる。
5 窮鼠囓狸の逆襲に狼狽する。
6 美麗にして姚冶、女子に擬せざる莫し。
7 皇座罔罔として以て暉を垂る。
8 子赤くして糯粟の如く食らうべし。
9 九有圻土の君権輿を牧外に廻らす。
10 宣ぶること憑虚ならざるも蹠実に通ず。
11 君子竽笙簫管の声を聴く。
12 丱歳天台の華頂峯に出家す。
13 錦巌飛瀑激しく春岫曄桃開く。
14 昏以て期と為す、明星晳晳たり。
15 畚築を称り土物を程《はか》り遠邇を議る。

(二) 次の傍線部分の**カタカナ**を**漢字**で記せ。19、20は**国字**で答えること。 (40) 2×20

1 めらめらとシンニのほむらを燃やす。
2 監督の首をスげ替える必要がある。
3 少しくタシナみに欠けるところがある。
4 キュウサンの如き拍手が響き渡る。
5 論敵の鋭いキホウを巧みに躱す。
6 身形を当世風にコシラえて出掛ける。
7 リョウジ乍ら一言申し上げておく。
8 赴任してヘキスウチ手当が支給される。
9 血管をケッサツして止血する。
10 正月はトシトクジンとて普く人が祝う。

(三) 次の1～5の意味を的確に表す語を、後の□から選び、**漢字**で記せ。 (10) 2×5

1 血相を変えること。怒りの表情。
2 父祖の業。家業。
3 前と違うことを言う。うそをつく。
4 高い鼻。鼻柱が高いこと。
5 師の席。学者の書斎。

かいきょく・ききゅう・こうえん こうちょう・しょくげん・らせつ りゅうせつ・れいしょく

(四) 次の**問1**と**問2**の四字熟語について答えよ。 (30)

問1 次の四字熟語の（1～10）に入る適切な語を後の□から選び**漢字二字**で記せ。 (20) 2×10

（1）鳳嘴　　海市（6）
（2）匿瑕　　一箭（7）

6

16 其の胼攣を舒べて之を置く者有り。
17 禁月落つる時畬煙深き処我春を行く。
18 骰子を以て之を擲ちて勝者を直と為す。
19 相ともに弔賻し其の喪を治む。
20 山に因り奢大なる壟塋を為る。
21 現地に飛んで将卒を犒う。
22 渓を隔てて遥かに夕陽の舂くを見る。
23 大臣毎に僧の面相を調る。
24 御熊野に詣ずる諸人梛の葉をかざす。
25 盗言孔だ甘し、乱是を用て餤む。
26 大なる潮の嘷りつつ寄せ来りぬ。
27 宇陀の高城に鴫羂張る。
28 爰許の存知せざる所なり。
29 先には貞しくして後には黷る。
30 百年を期と曰う、頤わる。

11 末尾に**カノエイヌ**孟春之を記すとある。
12 **アミダクジ**を引いて当番を決める。
13 国民を**マンチャク**する言辞である。
14 近臣の**フウカン**が主君の逆鱗に触れた。
15 宴席に馴染みの**ホウカン**と芸者を呼ぶ。
16 **コウロ**上一点の雪の如く妄念は消えた。
17 遠来の使節を**コウロカン**で応接する。
18 白色人種の間で**コウカロン**が広がった。
19 真珠の目方を**モンメ**で量る。
20 **ブリキ**製の玩具の乗り物で遊んだ。

（3）走肉　　八面（8）
（4）以徳　　一暴（9）
（5）邪教　　比肩（10）

いんし・きんゆ・こうし じっかん・しんろう・ずいしょう そうちょう・どうし・りんかく れいろう

問2 次の1～5の**解説・意味**にあてはまる四字熟語を後の□から選び、その**傍線部分だけの読み**を**ひらがな**で記せ。 (10) 2×5

1 満悦のさま。また媚び諂うこと。
2 法外な贅沢の喩。
3 瀑布の壮大さの形容。
4 心優しく淑やかなさま。
5 兄弟諠譁。

金塊珠礫・渇驥奔泉・婉娩聴従 揺頭擺尾・桃傷李仆・銜尾相随 銀河倒瀉・一擲千金

(五) 次の**熟字訓・当て字**の**読み**を記せ。 (10) 1×10

1 厚皮香
2 冬眠鼠
3 絡新婦
4 規尼涅
5 戯奴
6 白膠木
7 行縢
8 馬陸
9 海蘊
10 諾威

(六) 次の**熟語の読み**(**音読み**)と、その**語義**にふさわしい**訓読み**を(送りがなに注意して)**ひらがな**で記せ。 (10) 1×10

〈例〉 健勝……勝れる → けんしょう / すぐ

ア 1 竄謫……2 謫す
イ 3 抔土……4 抔う
ウ 5 贍給……6 贍す
エ 7 豢豕……8 豢う
オ 9 驍悍……10 驍い

(七) 次の1～5の**対義語**、6～10の**類義語**を後の□の中から選び、**漢字**で記せ。□の中の語は一度だけ使うこと。 (20) 2×10

対義語

1 夥多
2 饔餐
3 利達
4 無着
5 下司

類義語

6 往還
7 狼狽
8 検覈
9 不稽
10 樵蘇

こうたん・じょうろう・すうじょう・ぜんしゅう・せんしょう・せんめい・そらい・たくらく・どうよく・はいもう

(八) 次の故事・成語・諺のカタカナの部分を**漢字**で記せ。 (20) 2×10

1 **シトク**の愛。
2 君子は**オクロウ**に愧じず。
3 礼は未然の前に禁じ、法は**イゼン**の後に施す。
4 **キシ**連抱にして数尺の朽あるも良工は棄てず。
5 **レイサイ**一点通ず。
6 **カンショ**は楽しんで淫せず。
7 **ロカイ**の立たぬ海もなし。
8 鉄中の錚錚、庸中の**コウコウ**。
9 泉石の**コウコウ**、煙霞の痼疾。
10 **オガクズ**も言えば言う。

(九) 文章中の傍線(1～10)の**カタカナ**を**漢字**に直し、波線(ア～コ)の**漢字**の**読み**を**ひらがな**で記せ。 (30) 2×10 1×10

A

烏帽子が岳の空鬱然として、洋墨を潑せる雲むらむらと立ち渡りつ。雷の殷々《ごろごろ》と鳴り出で、空気は俄かに打ちしめりて、冷風[1]**サッ**と面を掃い、湖水の音か、雨の音か、将万山の樹木枝を震うの音か、蕭然たる音山谷に起こり、天地に瀰《わた》り、凄まじきこと云う可くもあらず。烏帽子が岳以西の山々は、[2]**モウモウ**たる印度藍色の雲に蔽われて、風丸雨弾の戦いまさに酣なれど、国境の連山は、雪色猶鮮やかに、天に倚り地を踏まえ、金輪際動かじと、惨として風雨の来襲を待つ状《さま》、沈鬱悲壮、[ア]跌宕なる自然の威力の森然として身に浸むを覚う。大壑に臨みてさし出でたる栖の古木に、梟あり、頻りに咽を鳴らす。雲は吾が頭上まで真闇に掩いかかり、風山壑を[イ]撼かし、豆大の雨一点――二点――千万点ばらばらと落ち来りぬ。余は風雨雷電の重囲を衝いて、峠の茶屋を指して[ウ]驀地に跑《か》け下りぬ。

（徳富蘆花「自然と人生」より）

B

院の御霊は雲間に響く御声してからからと異様に笑わせたまい、おろかや解脱の法を説くとも、仏も今は朕《わ》が敵なり、涅槃も無漏《むろ》も肯《うけが》わじ、往時は人朕が光明《ひかり》を奪いて、朕を[エ]泥犂の闇に陥《おと》しぬ、今は朕人を涙に沈ましめて、朕が冷笑の一声の響きの下に葬らんとす、朕が[3]**ケンゾク**の闇きより闇きに伝い行く悪鬼は、人の[4]**ハイフ**に潜み入り、人の心肝骨髄に咬《く》い入って絶えず血にぞ飽く、視よ見よ魔界の通力もて毒火を彼が胸に煽り、紅炎を此が眼より迸らせ、やがて東に西に黒雲狂い立つ世とならしめて、北に南に真鉄の光の[オ]煌めき交《ちが》う時を来し、憎しとおもう人々に朕が辛かりしほどを見するまで、朝家に酷く祟りをなして天が下をば掻き乱さん、と御勢い[5]**リリ**しく詰げたまうにぞ、西行、熱き涙をきっと抑えて、恐る惶るいささか首を[6]**モタ**げける。

（幸田露伴「二日物語」より）

C

夫《か》の油絵は其の法甚だ[7]**キックツ**にして、人をして毎に其の力を逞しくするを得ざらしむ。其の真に之を究めて[カ]蘊奥に[キ]詣るものは僅かに指を屈するに過ぎず、通常世間に有る所の油絵は概ね幾ど妙想を欠けり。今より数年ならずして、欧米の画家多少東洋の画風を採取し、更に簡潔雅純を貴び、竟に一般の人皆尋常[ク]鹵莽の油絵よりは寧ろ探幽其の人の風の如き淡色の画を好みするに至るは、予め期して待つべきなり。蓋し其の[ケ]翕然として頓に東洋の風に傾くは、[8]**ヒッキョウ**一時油絵を激賞せし反動なり。[9]**ケイジツ**日本に来渡せる一米人の言を聞くに、曰く、欧洲の画家[10]**バンキン**漸く掛額となすべき画を[コ]輟め、更に宮殿若しくは寺院等の内部に就いて広闊なる装飾をなさんとすと。

（大森惟中訳・フェノロサ「美術真説」より）

▼解答は別冊12・13ページ

字体について

表外漢字における字体の違いとデザインの違い

国語審議会答申「表外漢字字体表」（平成12年）「Ⅲ参考」による。

表外漢字字体表においても、常用漢字表の考え方を基本的に踏襲する。以下、常用漢字表でデザインの違いとするそれぞれの例に該当する表外漢字の例を、表外漢字字体表に掲げられた一〇二二字の中から選んで示す。また、表外漢字だけに適用するデザイン差の例も併せて示す。（※印は現在は常用漢字。）

1　へんとつくり等の組合せ方について

（1）大小、高低などに関する例

甥　甥　　頃※　頃

明朝体のデザインの違い、および明朝体と筆写の楷書との関係について、「表外漢字字体表」から抜粋しました。

（2）はなれているか、接触しているかに関する例

曖※　曖　　弄※　弄

2　点画の組合せ方について

（1）長短に関する例

撫　撫　撫　　諏　諏

睾　睾　　禽　禽

（2）つけるか、はなすかに関する例

潑　潑　　竈　竈　　幌　幌

腔　腔　　冥※　冥　　蕨　蕨

蜃　蜃

(3) 接触の位置に関する例

粕 粕　濠 濠　閃 閃 閃

套 套　蔓 蔓

(4) 交わるか、交わらないかに関する例

餌※ 餌　誹 誹　銚 銚

寓 寓　胚 胚　軀 軀

(5) その他

訝 訝 訝　聚 聚 聚

3 点画の性質について

(1) 点か、棒（画）かに関する例

（該当例なし）

(2) 傾斜、方向に関する例

蠅 蠅　遁 遁　紐 紐

(3) 曲げ方、折り方に関する例

甑 甑　攢 攢　頓※ 頓

撈※ 撈

(4) 「筆押さえ」等の有無に関する例

廻 廻　咬 咬

噂 噂 噂　溢 溢 溢

雫 雫

(5) とめるか、はらうかに関する例

揆　揆　遽　遽　毯　毯

咽※　咽　憫　憫　爛　爛

(6) とめるか、ぬくかに関する例

茸　茸　訊　訊　頷　頷

(7) はねるか、とめるかに関する例

洒　洒　醱　醱　鄭　鄭

隙※　隙

4　表外漢字だけに適用されるデザイン差について

（漢字使用の実態への配慮から、字体の差と考えなくてもよいと判断したもの）

A　画数の変わらないもの

(1) 接触の位置・有無に関する例

虻　虻　茫　茫　炬　炬

渠　渠　倶　倶

(2) 傾斜、方向に関する例

芦　芦　篇　篇　闇※　闇

蹄　蹄　籠※　籠　喰　喰

煎※　煎　廟　廟　逞　逞

疼　疼

(3) 点か、棒（画）かに関する例

茨※　茨　灼　灼　蔑※　蔑

筑　筑　註　註

(4) 続けるか、切るかに関する例

薇　薇　頽　頽　譚　譚

(5) 交わるか、交わらないかに関する例

訛　訛　篝　篝　珊　珊

恢　恢　鴇　鴇

(6) その他

囀　囀　饗　饗　挺　挺

柵※　柵

B　画数の変わるもの

(1) 接触の位置に関する例

牙※　牙　牙　穿　穿　穿

漑　漑　漑　漑

葦　葦　葦　憐　憐　憐

(2) 続けるか、切るかに関する例

叟　叟　痩※　痩　嘩　嘩

畢　畢　兎　兎　稗　稗

笈　笈

C　特定の字種に適用されるもの（個別デザイン差）

卉　卉　　荊　荆　　稽※　稽

腔　腔　　叱※　叱

靭　靭　靱　　脆　脆

呑　呑　　臈　臈

印刷文字字形（明朝体字形）と筆写の楷書字形との関係

国語審議会答申「表外漢字字体表」（平成12年）「I前文」による。
（一部、平成22年告示「常用漢字表」に合わせて改変。）

常用漢字表「（付）字体についての解説」の「第2　明朝体と筆写の楷書との関係について」で「字体としては同じであっても、1、2に示すように明朝体の字形と筆写の楷書の字形との間には、いろいろな点で違いがある。それらは、印刷文字と手書き文字におけるそれぞれの習慣の相違に基づく表現の差と見るべきものである。」と述べられているように、同じ字体であっても、印刷文字字形（ここでは明朝体字形）と筆写の楷書字形とは様々な点で字形上の相違が見られる。表外漢字についても、常用漢字ほど手書きをする機会はないと思われるが、楷書で筆写する場合には上記「明朝体と筆写の楷書との関係について」が参考になる。

ただし、表外漢字における印刷文字字形と筆写の楷書字形との相違は、常用漢字以上に大きく、常用漢字表でいう字体の違いに及ぶものもあるので、この点については特に留意する必要がある。そのような字形の相違のうち、幾つかを例として掲げるが、これは、手書き上の習慣に従って筆写することを、この字体表が否定するものではないことを具体的に示すためである。以下、「明朝体字形」を先に掲げ、次に対応する「楷書字形の例（明朝体字形に倣ったものの例／手書き上の習慣に従ったものの例）」という順に並べて示す。

（※印は現在は常用漢字。）

(1)
薩－薩／薩
諺－諺／諺

(2)
墟－墟／墟
嘘－嘘／嘘

(3)
噂－噂／噂
溢－溢／溢

(4)
翰－翰／翰
鰯－鰯／鰯

(5)
噌－噌／噌
甑－甑／甑

(6)　猜－猜／猜　錆－錆／錆

(7)　喩※－喩／喩　楡－楡／楡

(8)　葛※－葛／葛　偈－偈／偈

(9)　顛－顛／顛　塡※－塡／塡

(10)　遡※－　／遡　腿－　／腿

(11)　祇－祇／祇　榊－榊／榊

(12)　飴－飴／飴　饉－饉／饉

＊(10)で「明朝体字形に倣った例」を省略したのは、楷書字形としては一般的でないという判断に基づいたものである。

●本書に関するアンケート●

今後の出版事業に役立てたいと思いますので、アンケートにご協力ください。抽選で粗品をお送りします。

◆PC・スマートフォンの場合
下記 URL、または二次元コードから回答画面に進み、画面の指示に従ってお答えください。

https://www.kanken.or.jp/kanken/textbook/past.html

◆愛読者カード（ハガキ）の場合
本書挟み込みのハガキに切手を貼り、お送りください。

漢検 1級 過去問題集

2023年3月25日　第1版第1刷　発行
編　者　公益財団法人 日本漢字能力検定協会
発行者　山崎　信夫
印刷所　大日本印刷株式会社

発行所　公益財団法人 日本漢字能力検定協会
〒605-0074 京都市東山区祇園町南側551番地
☎(075)757-8600
ホームページhttps://www.kanken.or.jp/

Printed in Japan
ISBN978-4-89096-486-4 C0081
乱丁・落丁本はお取り替えいたします。
「漢検」、「漢検」ロゴは登録商標です。

公益財団法人 日本漢字能力検定協会

漢検

漢検 過去問題集 1級

標準解答

目次

別冊

本体からはなしてお使いください。

漢検 公益財団法人 日本漢字能力検定協会

700486 (1-1)

(一) 読み (30)

1	2	3	4	5	6	7	8	9	10	11	12	13	14	15	16	17	18
とうあん	やくし	けんけつ	にくけい にっけい	きっこうでん きこうでん	そうもう	こゆう	ぎょさい	いよ	だっき	かいめい	らいらい	おでん おてん	だつ	てんぽう	べき	いんやく	しゅりょうごん

1×30

(二) 書き取り (40)

1	2	3	4	5	6	7	8	9	10	11	12
渾身	穀雨	心悸	暈	琺瑯	藉口	賽銭	娑婆気	刮	屹度 急度	劈・擘	潸潸 潸々

2×20

(三) 語選択 書き取り (10)

1	2	3	4	5
丘壑	繍腸	牙保	華冑界	圭復

2×5

合格者平均得点 8.5/10

(四) 四字熟語 (30)

問1 書き取り

1	2	3	4
螻蟻	枕戈	樽俎 尊俎	已己

2×10

(五) 熟字訓・当て字 (10)

1	2	3	4	5	6	7	8	9	10
はさ はざ	おいらん	チャボ	ペルシャ	つくねいも	みじんこ	あおり	ささえ	あおみどろ	やつで

1×10

合格者平均得点 8.9/10

(七) 対義語・類義語 (20)

1	2	3	4	5	6	7	8	9	10
晨起	矍鑠	駑蹇	膏腴	垢穢	雁帛	鵝眼	雌黄	影向	好逑

2×10

合格者平均得点 16.0/20

(九) 文章題 (30)

書き取り

1	2	3	4	5	6	7	8	9	10
星宿	喞喞 喞々	拱	余瀝	佞	醜陋	臨幸	掖庭 掖廷	釣渚	灰燼

2×10

合格者平均得点 14.6/20

30	29	28	27	26	25	24	23	22	21	20	19
すす	つか	むべむべ うべうべ	おうご	ひさ	あおざし	わずら	たの	さいな	ひっさ	せつえつ	きょうい

合格者平均得点 26.2／30

20	19	18	17	16	15	14	13
聢	襷	済美	斉眉	御璽	祭祀	剔抉	箝口令 鉗口令

合格者平均得点 36.3／40

10	9	8	7	6	5
蠡測	漏脯	約礼	銀蟾	繽紛	持粱

合格者平均得点 18.9／20

問2 意味と読み

5	4	3	2	1
そし	どうそう	だんぴ	ぞくふ	ししん

2×5

合格者平均得点 9.3／10

㈥ 一字訓読み・熟語の読み (10)

オ		エ		ウ		イ		ア	
10	9	8	7	6	5	4	3	2	1
くじ くだ	ろうきゅう	か しわが	させい	しきり	じょうちょう	つつ	うんぎょく	う	とうちん

1×10

合格者平均得点 8.1／10

㈧ 故事・諺 (20)

10	9	8	7	6	5	4	3	2	1
帰	豕交	三端	蟪蛄	螯	聚斂	石淋 痳淋	垤	釘鋋	堅白

2×10

合格者平均得点 16.0／20

読み

コ	ケ	ク	キ	カ	オ	エ	ウ	イ	ア
かいきょく	らんよ	ほうけつ	いずく	ほしいまま	もと	たず	わす	さき	たんぜん

1×10

合格者平均得点 9.7／10

学習日	得　点
月　日	／200
月　日	／200
月　日	／200

(一) 読み (30)

1	2	3	4	5	6	7	8	9	10	11	12	13	14	15	16	17	18
しゅんい	きょうきょう	どうねつ	せんせん	えきれい	じゅげ	しゅんのうでん しゅんおうでん	こうこ	けいとう	けんち	かんこう	そうほ	あいき	えんぞく	はか	ぎんぎん	しんち	かいちょう

1×30

(二) 書き取り (40)

1	2	3	4	5	6	7	8	9	10	11	12
闌・酣	嗾	緞子	流涎	研鑽	靄	打擲	疾呼	葦葭 簀	梅霖	賺	栞

2×20

(三) 語選択 書き取り (10)

1	2	3	4	5
口碑	鉛槧	奎運	耆艾	筑羅

2×5

合格者平均得点 6.4/10

(四) 四字熟語 (30)

問1 書き取り

1	2	3	4
鞠躬	雷霆	度徳	嗇夫

2×10

(五) 熟字訓・当て字 (10)

1	2	3	4	5	6	7	8	9	10
ペルー	くねんぼ	きつつき けら	いさば	つくも	ピアノ	かじき かじきまぐろ	よごと	やし	すあい

1×10

合格者平均得点 8.6/10

(七) 対義語・類義語 (20)

1	2	3	4	5	6	7	8	9	10
桑楡	跟随	魁梧	遐齢	謙退	濫觴	晏駕	堂奥	芥蔕	羽儀

2×10

合格者平均得点 15.6/20

(九) 文章題 (30)

書き取り

1	2	3	4	5	6	7	8	9	10
振起	糸竹	倡娼 楼	游遊 冶	仁人	潤水	紆迂 曲	鬱勃	糠・粳	生生 薑姜

2×10

合格者平均得点 14.8/20

19	20	21	22	23	24	25	26	27	28	29	30
うふ	いんお	ものう	おくつき	おこぜ	あわただ	きはだ きわだ	たえ	しばしば	あま	ゆる	まこと

合格者平均得点 26.4 / 30

13	14	15	16	17	18	19	20
幽邃	紊乱	参差	騏驥	忌諱	毀棄	籢	砘・噸

合格者平均得点 36.3 / 40

5	6	7	8	9	10
曼理	駘蕩	咨嗟	三諦	先竭	愛語

合格者平均得点 18.0 / 20

問2 意味と読み

1	2	3	4	5
きょしょう	さいこん	さんきん	こうし	ぼうび

2×5

合格者平均得点 8.2 / 10

(六) 熟語の読み・一字訓読み (10)

ア		イ		ウ		エ		オ	
1	2	3	4	5	6	7	8	9	10
えいちょ	あま	しゅんてつ	ふか	こうどう	くさぎ	たんど	まる	こうし	にわ

1×10

合格者平均得点 9.8 / 10

(八) 故事・諺 (20)

1	2	3	4	5	6	7	8	9	10
旧柯	荘厳	矩鑊	固然	小成	鬢眉	鯱鉾 鯱	蓼花	梟鸞	狂瀾

2×10

合格者平均得点 16.0 / 20

読み

ア	イ	ウ	エ	オ	カ	キ	ク	ケ	コ
すなわ	のぼ	たす	こけい	わず	しょうき	たいえい だいえい	つらつら	えだ	きしゅう

1×10

合格者平均得点 9.4 / 10

学習日	得　点
月　日	／200
月　日	／200
月　日	／200

(一) 読み (30) 1×30

1	2	3	4	5	6	7	8	9
いとく	きゅうせい	そうれい	せつ	けっきょう げっきょう	おつどつ	ふっけい	きょちょう	だ

10	11	12	13	14	15	16	17	18
ほんいく	せんこう	ほうろう	せっせつ せつせつ	しょうじつ	こっとつ こつとつ	しんこつ	ほんえい	てんし

(二) 書き取り (40) 2×20

1	2	3	4	5	6	7	8	9	10	11	12
憚	譫妄	皆	荼毘	小職	傅	陳	拗	膂力	咫尺	殷賑	雑徭

(三) 語選択 書き取り (10) 2×5

1	2	3	4	5
生歯	黥面	銅臭	烏焉馬	韶光

合格者平均得点 7.0/10

(四) 四字熟語 (30)

問1 書き取り 2×10

1	2	3	4
矮子	斗折	仙姿	魑魅

(五) 熟字訓・当て字 (10) 1×10

1	2	3	4	5	6	7	8	9	10
ほや	きくらげ	あざらし	はねず	とりかぶと	バイオリン	ひわ	ポルトガル	ジャンク	はとり

合格者平均得点 7.5/10

(七) 対義語・類義語 (20) 2×10

1	2	3	4	5	6	7	8	9	10
晨明	後昆	鐫録	俊髦	折伏	揮毫	不佞	倏忽	臧否	操觚

合格者平均得点 16.6/20

(九) 文章題 (30)

書き取り 2×10

1	2	3	4	5	6	7	8	9	10
邑	田疇	草莱	僕僮童	轂撃	旬日	経綸	標榜	収攬	済度

合格者平均得点 16.9/20

19	20	21	22	23	24	25	26	27	28	29	30
よくしゃく	でっ	あなど	みそなわ	か	とま	にご	み	おく	おさ	しりぞ	いくさ

合格者平均得点 26.0／30

13	14	15	16	17	18	19	20
鶴嘴	茗宴	枌楡	釁端	一盞	一粲	鮗	癪

合格者平均得点 36.0／40

5	6	7	8	9	10
長袖	沐浴	綦巾	風鬟	于飛	莫作

合格者平均得点 17.8／20

問2 意味と読み

1	2	3	4	5
おうゆう	はくぎょく	えんまん	ちゅうびゅう	べきろ

2×5

合格者平均得点 9.6／10

ア		イ		ウ		エ		オ	
1	2	3	4	5	6	7	8	9	10
げんかく	つつし	ゆうげん	みにく	りじ	のぞ	ほうが	くつがえ	てきとう	すぐ

1×10

合格者平均得点 9.3／10

1	2	3	4	5	6	7	8	9	10
止動	渙然	蘭麝	一鶚	瘡気	盗蹠跖	綺羅	瓊瑶	纓	英

2×10

合格者平均得点 16.4／20

ア	イ	ウ	エ	オ	カ	キ	ク	ケ	コ
ひら	こうきょく	みだ	しいん	がいく	てんえつ	こぼ	こよう かよう	ぼうぜん	はか おしはか

1×10

合格者平均得点 9.2／10

学習日	得点
月 日	／200
月 日	／200
月 日	／200

(一) 読み (30) 1×30

1	2	3	4	5	6	7	8	9	10	11	12	13	14	15	16	17	18
こうこう	しじろ	こうめい	れっか	ちんてん	はくりゅう	りんせき	ふぎょう	しゅうとう	じゅんきょ	きょくれい	とうばん	こんきん	きょうきょ	ほうう	かんそ	りんき	りゅうせつ

(二) 書き取り (40) 2×20

1	2	3	4	5	6	7	8	9	10	11	12
溝渫	韋駄天	跪	諧謔	熨斗 熨	霜降	饐	疼痛	節榑	兀兀 矻矻	出涸	誂

(三) 語選択 書き取り (10) 2×5

1	2	3	4	5
目耕	汗青	筌蹄	蠹魚	款識

合格者平均得点 6.9/10

(四) 四字熟語 (30)

問1 書き取り 2×10

1	2	3	4
無明	風檣	環堵	轗軻

(五) 熟字訓・当て字 (10) 1×10

1	2	3	4	5	6	7	8	9	10
やご	ワンタン	あけび	ごかい	かじかがえる かじか	やぶさめ	たがやさん	めなだ	やつがしら	まつむしそう

合格者平均得点 9.1/10

(七) 対義語・類義語 (20) 2×10

1	2	3	4	5	6	7	8	9	10
掉尾	凶歉	挂冠	闊達 豁達	料峭	玉章	豺虎	弾指頃	鶏黍	解纜

合格者平均得点 17.0/20

(九) 文章題 (30)

書き取り 2×10

1	2	3	4	5	6	7	8	9	10
平旦	済勝	衾	砂礫	緒	瑕疵	卑猥 鄙猥	躊躇	有髯	駕

合格者平均得点 13.4/20

合格者平均得点 26.9／30

30	29	28	27	26	25	24	23	22	21	20	19
さだ	そ	おく	しか	えびら	こ	すす	はじ	なに	いかだ	ほうしょう	ばいえい

合格者平均得点 35.9／40

20	19	18	17	16	15	14	13
鬟	鱠	黄老	劫臘臈	膠漆	掣肘	礑	嵌入

合格者平均得点 17.0／20

10	9	8	7	6	5
月鼈	讒誣	勒馬	皓歯	驪黄	悉有

問2 意味と読み

5	4	3	2	1
しょうう	なんし	にしゃ	べんぺき	ぞくれい

2×5

合格者平均得点 8.3／10

(六)

オ		エ		ウ		イ		ア	
10	9	8	7	6	5	4	3	2	1
さと かしこ	めいぎょく	あば	けつよう	う	はくえい	あつ	きゅうごう	たす	よくたい

1×10

合格者平均得点 9.1／10

10	9	8	7	6	5	4	3	2	1
蛟竜	鍾馗	鍼針縷	戚戚々戚	水潦	桴・枹	竈	積毀	白玉楼	蕓

2×10

合格者平均得点 18.3／20

コ	ケ	ク	キ	カ	オ	エ	ウ	イ	ア
はさ	ざんがん	かたそば かたそ	さかのぼ	くず	すわ	いよいよ	お	べっしょ	れんい

1×10

合格者平均得点 8.7／10

学習日	得　点
月　　日	／200
月　　日	／200
月　　日	／200

(一) 読み (30)

1	2	3	4	5	6	7	8	9	10	11	12	13	14	15	16	17	18
しょうこう	せんきゅう	しゅす	へいら	もうぜい	ぜってん	きか	かんらん	とうれい	けつじょう	しゃこう	ひさく	しゃくだん	ちょさ	そかん	ようわ	しんじゅつ	えつえつ

1×30

(二) 書き取り (40)

1	2	3	4	5	6	7	8	9	10	11	12
大鉈	蹲・踞	葛餡	軛・衡 頸木	萎靡	焼	跛行	擬制	閻魔帳	雁字搦	爛爛 爛々	散蒔 撒

2×20

(三) 語選択 書き取り (10)

1	2	3	4	5
履端	塵点劫	客臘	叔世	義和

2×5

合格者平均得点 6.7/10

(四) 四字熟語 (30)

問1 書き取り

1	2	3	4
氷肌	醴酒	旗幟	篝火

2×10

(五) 熟字訓・当て字 (10)

1	2	3	4	5	6	7	8	9	10
ひとで	ななかまど	ほかい	ひよどり	めりかり	ゆうしで	たがめ	スペイン	め	かます

1×10

合格者平均得点 8.9/10

(七) 対義語・類義語 (20)

1	2	3	4	5	6	7	8	9	10
嚮後 向	屯蹇	鄭声	錙銖	愛日	覆載	駑驁	絮語	窮髪	曠世

2×10

合格者平均得点 16.5/20

(九) 文章題 書き取り (30)

1	2	3	4	5	6	7	8	9	10
縋・攀	転	羸馬	容喙	汪汪 汪々	蹉躓	陳套	陸沈	癸丑	就中

2×10

合格者平均得点 17.5/20

合格者平均得点 26.1／30

30	29	28	27	26	25	24	23	22	21	20	19
か	おさ	も	てぐるま	か	ぬか	さと	かぎ	そぎいた	まさ	うんちつ	とうし

合格者平均得点 36.4／40

20	19	18	17	16	15	14	13
熕	鰚	鴟尾	芝眉	淅瀝	盂蘭盆会	不辜	齎

合格者平均得点 8.7／10

問2 意味と読み

5	4	3	2	1
とくけい	こうしゅう	とうじょう	ほうに	ぜいし

2×5

合格者平均得点 18.9／20

10	9	8	7	6	5
伐異	地廬	蒿里	荊棘	縟礼	五蘊

合格者平均得点 8.9／10

オ		エ		ウ		イ		ア	
10	9	8	7	6	5	4	3	2	1
うなが	そくそう	みちび	ゆうみん	みだ	ほうさく	すか／だま	せったん	けわ	しんがん

1×10

合格者平均得点 14.6／20

10	9	8	7	6	5	4	3	2	1
決拾	茶筅	胡地	虚室	犂牛	点睛	宦	成事	嘯	長鯨

2×10

学習日	得　点
月　日	／200
月　日	／200
月　日	／200

合格者平均得点 8.9／10

コ	ケ	ク	キ	カ	オ	エ	ウ	イ	ア
こうぎょ	させつ	わす	こんこん	おこた	しゅうしょう	ぼうばな／ぼうはな	むち	か	や

1×10

(一) 読み (30)

1	2	3	4	5	6	7	8	9	10	11	12	13	14	15	16	17	18
ようびょう	ちてい	るいぶん	がとう	ごうり	ようや	けいけい	だぞく	きど	せきじつ	うしょう	かんさい	ようとう	せいせい	ほんちく	へんれん	しゃえん	とうし

1×30

(二) 書き取り (40)

1	2	3	4	5	6	7	8	9	10	11	12
嗔瞋 恚	挿・箝	嗜	急霰	機鋒	拵	聊爾	僻陬地	結紮	年歳 徳徳 神神	庚戌	阿弥陀籤

2×20

(三) 語選択 書き取り (10)

1	2	3	4	5
厲色	箕裘	食言	隆準	絳帳

2×5

(四) 四字熟語 (30)

問1 書き取り

1	2	3	4
麟角	瑾瑜	行尸	道之

2×10

(五) 熟字訓・当て字 (10)

1	2	3	4	5	6	7	8	9	10
もっこく	やまね	じょろうぐも	キニーネ	わけ	ぬるで	むかばき	やすで	もずく	ノルウェー

1×10

(七) 対義語・類義語 (20)

1	2	3	4	5	6	7	8	9	10
尠鮮 少	膳羞	拓落	胴 慾欲	上臈	徂 徠来	敗廃 亡忘	闡明	荒誕	芻蕘

2×10

(九) 文章題 (30)

書き取り

1	2	3	4	5	6	7	8	9	10
颯	濛濛 々濛	眷 族属	肺腑	凜凜 々凜	擡	詰佶 屈	畢竟	頃日	輓 今近

2×10

30	29	28	27	26	25	24	23	22	21	20	19
やしな	けが	ここもと	しぎわな	たけ	すす	なぎ	あざけ	うすづ	ねぎら	ろうえい	ちょうふ

20	19	18	17	16	15	14	13
鉽	匁	黄禍論	鴻臚館	紅炉	幇間	諷諫	瞞著着

10	9	8	7	6	5
随踵	十寒	玲瓏	双雕	蜃楼	淫祠祀

問2 意味と読み

5	4	3	2	1
りふ	えんべん	とうしゃ	しゅれき	はいび

2×5

オ		エ		ウ		イ		ア	
10	9	8	7	6	5	4	3	2	1
つよ	ぎょうかん	やかしな	かんし	た	せんきゅう	すく	ほうど	なが	ざんたく

1×10

10	9	8	7	6	5	4	3	2	1
大鋸屑	膏肓	佼佼々佼	艪櫓櫂	関雎	霊犀	杞梓	已然	屋漏	舐犢

2×10

コ	ケ	ク	キ	カ	オ	エ	ウ	イ	ア
や	きゅうぜん	ろもう	いた	うんおう うんのう	きら	ないり	まっしぐら	うご	てっとう

1×10

学習日	得　点
月　　日	／200
月　　日	／200
月　　日	／200

● 1級受検者の年齢層別割合 (2019~2021年度)

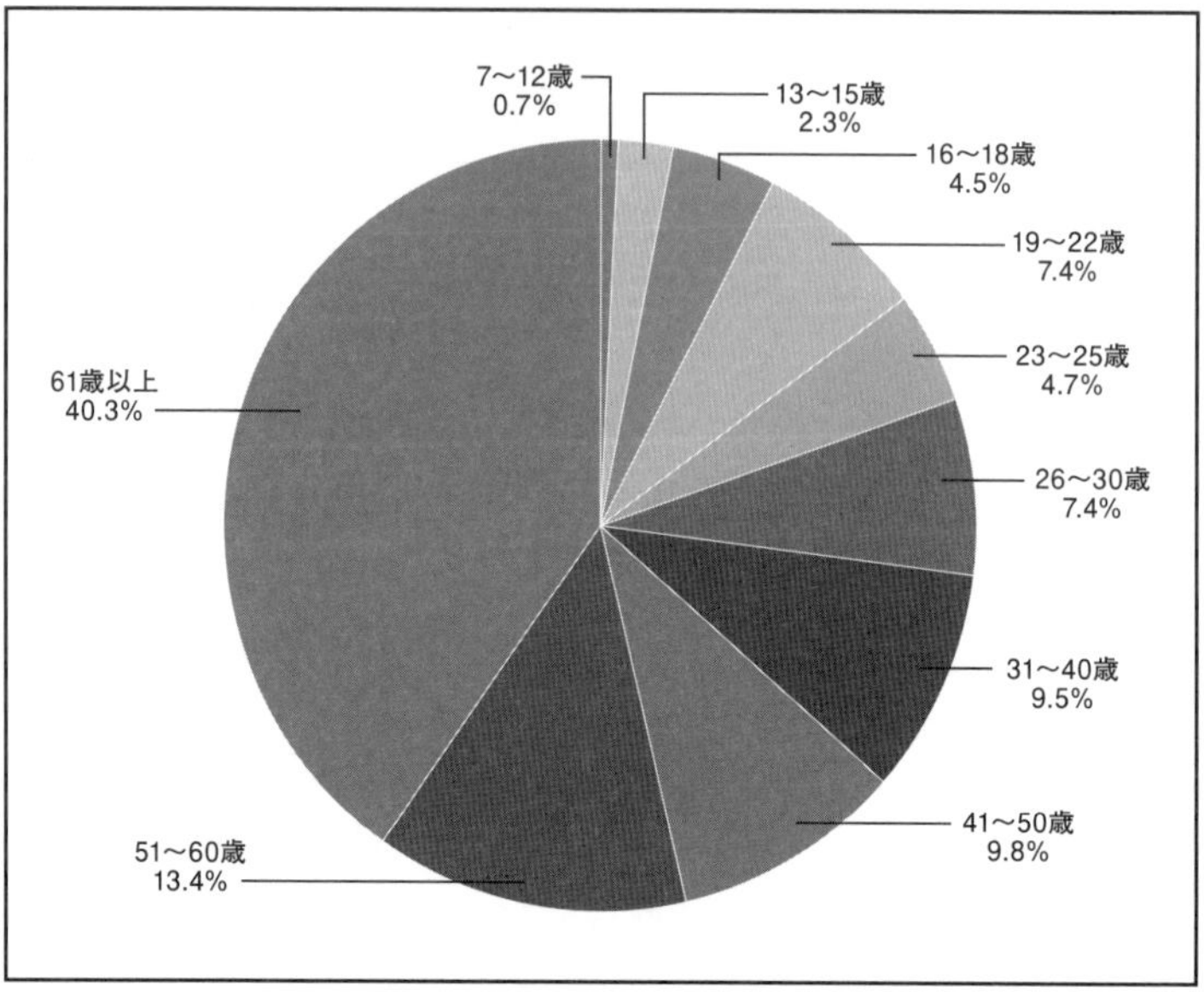

● 1級の設問項目別正答率 (試験問題5)

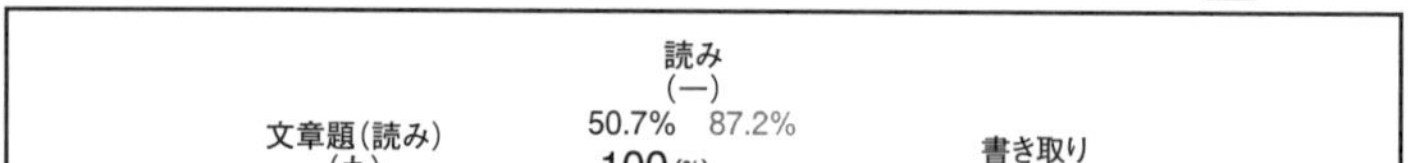

※(一)読み、(二)書き取りなどの設問項目名は、標準解答のものと対応しています。
※枠内の数値(%)は、左側が受検者全体、右側が合格者の正答率です。

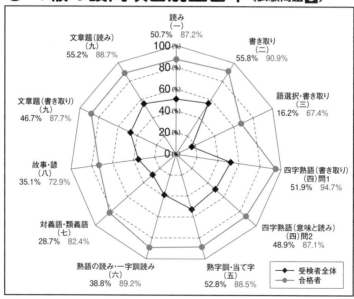

漢検 公益財団法人 日本漢字能力検定協会

700486 (1-1)